すぐれた授業の創り方入門

~名人たちの授業に学ぶ~

有田和正　著

教育出版

まえがき

　2003年4月，教育出版の教育研究所が『Educo』（エデュコ）という教育誌を創刊した。このときの編集長・中島潮氏が，「有田和正のおもしろ授業発見！」という題で連載するように，と言ってくださった。わたしは喜んで引き受け，わたしが見ておもしろいと思った授業を毎回紹介させていただいた。これが10号まで続き，編集長が交代したこともあって，連載も終わった。

　連載を通じて紹介してきた授業は，どれも「これはおもしろい。よい授業だ」と思うものばかりであった。それだけに，この授業を多くの教師に知ってもらいたい，そしてそのよいところをまねしてもらいたいという願いが強くあった。

　折しも，教育出版の書籍・教材部から「1冊にまとめないか」という話をいただき，『Educo』に書いたものを中心に，1冊の本にまとめることにした。

　I章は，『Educo』連載をもとに構成した。どの授業も「すぐれた授業のモデル」といえるすばらしい授業なので，ぜひともじっくり読んでいただきたい。

　II章では，I章で紹介したような「すぐれた授業」を創るために，どんなことが原理原則としていえるのか，そのポイントは何かという，いわば「理論編」といえるものを書いた。「理論編」といっても堅苦しいものではなく，解説編といったほうがよいかもしれない。別の言葉でいうならば，これらの「すぐれた授業」を見てわたしがどんなことを考えたかということを，わかりやすく書いたつもりである。読者の皆さんは，I章を読んで感じたことと，II章に書いていることを比べてみてほしい。どんな違いがあるか，わたしと同じ考えになるかどうか，興味のあるところである。この意味で，読まれたらご批判・ご指導をいただければこの上なく幸せである。

　III章は，「すぐれた授業の創り方アイデア」である。

　今，教師の授業力・指導力が落ちているといわれている。どうすればそれを

アップして，だれもが「すぐれた授業」を創ることができるようになれるのかを考え，大きく九つのことを提案している。

これに基づいて，二人のすぐれた教師を例にあげて，この人たちがどのように授業づくりをしているかを述べている。「すぐれた授業」を創る教師は，常に教材開発をし，指導技術を磨いている。ここでは，こうしたすぐれた教師がどのようにして教材開発をし，指導技術を磨いているかを明らかにし，「こうすれば授業がおもしろくなる」というアイデアを具体的に述べているので，すぐ実践できるはずである。

さらに，学習活動全般を通して「学習技能の定着」を図ることが求められている中，その方法と内容を明らかにした。学習技能が身についていないと，応用ができない。だから授業では，子どもたちに学習技能をつけることをねらいにした授業をしてほしいものである。これは，わたしの長年の主張でもある。

最近，「魅力ある教師」が少なくなったといわれている。「職人」といわれるような指導技術をもった教師も減っている。「魅力ある教師」こそが「魅力ある子ども」を育てることができる。そこで，「魅力ある教師」とはどんな教師なのかについても述べた。

最後に，「天の岩戸」を開けたのは神々のユーモアであったように，子どもの心を開けるのもユーモアの力である。ユーモアの大切さ，それは人間としても大切であることを述べた。

本書が，読者の皆さんが「すぐれた授業」を創る一助となれば，望外の幸せである。

2007年4月

有田和正

目次

まえがき

I章　すぐれた授業のモデル

1　社会科の授業モデル ………………………………………………… 2
　すぐれた授業のモデル例①　考えさせ，迷わせる資料が子どもの追究を生む ………… 2
　　——みごとな資料を使った田中力先生の会心の授業
　すぐれた授業のモデル例②　二軒の弁当屋から「街の違い」が見える授業 ………… 8
　　——臼井忠雄先生のみごとな教材開発
　すぐれた授業のモデル例③　ランプ一つで「昔の暮らし」を考えさせた授業 ……… 12
　　——森田文恵先生のみごとな教材さがし
　すぐれた授業のモデル例④　有袋りんごと無袋りんご，どちらが赤い？ ………… 17
　　——「りんごの袋にはナゾがいっぱい」といわせた川井孝寿先生の授業
　すぐれた授業のモデル例⑤　「ビール1杯30万円」って何？ ………… 22
　　——交通事故に立ち向かうSさんに目を向けさせる柳沼孝一先生の授業
　すぐれた授業のモデル例⑥　東京の鉄道は便利か不便か？ ………… 28
　　——子どもがみごとに鍛えられた山下真一先生の授業
　すぐれた授業のモデル例⑦　「会津桐下駄」の教材開発とその授業 ………… 33
　　——みごとな教材開発を見せた川井孝寿先生の授業
　すぐれた授業のモデル例⑧　給食のメニューから食料自給率を考える授業 ………… 42
　　——スムーズに流れた吉野元也先生の授業

2　生活科・総合的学習の授業モデル ………………………………… 48
　すぐれた授業のモデル例⑨　大根の種はどこにあるのか？ ………… 48
　　——高松豪先生のみごとな生活科の授業
　すぐれた授業のモデル例⑩　イチジクを1年間かけて追究した授業 ………… 53
　　——角谷和彦先生のねばり強い実践例

v

すぐれた授業のモデル例⑪　「間口を狭く奥行きを深く」 ………………………… 58
　　　──教材「寺町」を開発した杉浦真由子先生

3　授業モデル（番外編） …………………………………………………………… 64
　　すぐれた授業（？）のモデル例　追究の鬼を育てる授業の秘密 ……………… 64

Ⅱ章　授業モデルから見える「すぐれた授業のポイント」

ポイント1　授業づくりの順序を変えている　「内容→方法→目標」 ……………… 70
ポイント2　教材がすぐれている　内容が鮮明なよい教材を開発している ………… 70
ポイント3　資料の収集・作成・提示のしかたを工夫している ……………………… 71
ポイント4　発問・指示が鮮明で，わかりやすい ……………………………………… 72
ポイント5　授業づくりの具体としての「板書」のしかたがすぐれている ………… 73
ポイント6　「話し合いのしかた」がすぐれている …………………………………… 74
ポイント7　教師の話術・表情・パフォーマンスがすぐれている …………………… 74
ポイント8　子どもも教師も明るくおもしろい ………………………………………… 75
ポイント9　子どもと教師の「間合い」がピッタリいっている ……………………… 75
ポイント10　教師に「やさしさ」と「きびしさ」がある …………………………… 76
ポイント11　授業全体にゆとり（ユーモア）がある ………………………………… 77
ポイント12　「授業は布石の連続」になっている …………………………………… 78
ポイント13　「思考の作戦基地」としてのノートの使い方がすぐれている ……… 78
ポイント14　学習スキル（学習技能）を鍛えている ………………………………… 79

Ⅲ章　すぐれた授業の創り方アイデア

1　授業力をアップする方法 ………………………………………………………… 82
　(1)　教師はみんな授業力を高めたがっている ………………………………… 82
　(2)　基礎学力とは何か …………………………………………………………… 82
　(3)　基礎学力のつく授業とは …………………………………………………… 85

        (4) 基礎学力をつける授業の具体例 ……………………………… 88
        (5) もう一度「授業とは何か」考えてみよう ………………… 92

    2 二人のプロを例に「授業づくり」を考える ………………… 94
        (1) 何に目をつけたらよいかわからない ……………………… 94
        (2) 角谷和彦先生のプロの教材開発 …………………………… 95
        (3) 杉浦真由子先生にみるプロ性 ……………………………… 96

    3 教材開発の基礎技術 ……………………………………………… 97
        (1) 教材開発に必要な基礎技術 ………………………………… 97
        (2) 教材開発の実際例 …………………………………………… 103
        (3) 違った角度からの教材開発例 ……………………………… 106
        (4) こんな資料が目に入るか …………………………………… 108

    4 指導技術の磨き方 ………………………………………………… 110
        (1) 指導力アップを願う心 ……………………………………… 110
        (2) こんな「対応の技術」を身につけたい …………………… 110
        (3) 「発問・指示」の技術 ……………………………………… 112
        (4) 子どもの反応を「集約・焦点化する」技術 ……………… 113
        (5) 具体例 ………………………………………………………… 114
        (6) 話術・表情・パフォーマンスなどの技術 ………………… 115
        (7) 学級づくりがベース ………………………………………… 116

    5 生活科の指導の工夫（アイデア） ……………………………… 116

    6 総合的学習の指導のアイデア …………………………………… 119
        (1) はじめの一歩の授業をどうするか ………………………… 119
        (2) 子どもの追究心に火をつけよう …………………………… 123

    7 学習技能の定着をはかる授業 …………………………………… 124
        (1) 学習技能とは何か …………………………………………… 124

- (2) どのような学習技能が必要か……………………………………………… 124
- (3) どのように学習技能を鍛えるか……………………………………………… 125

8　魅力ある教師が魅力ある子どもを育てる …………………………………… 127
- (1)「はてな？」発見力を育てる ………………………………………………… 127
- (2) 将来魅力ある人物になることを信じて……………………………………… 129
- (3) 応用力とユーモアのある子どもに…………………………………………… 130
- (4) 魅力ある教師…………………………………………………………………… 132

9　「子どもの心」という「天の岩戸」をユーモアで開けるか……………… 134
- (1) 天の岩戸はどうして開いたか？……………………………………………… 134
- (2) ユーモアとはいったい何か？………………………………………………… 135
- (3)「ユーモアとは何か」の授業 ………………………………………………… 136
- (4) ユーモアのセンスをどう鍛えるか…………………………………………… 137

初出一覧………………………………………………………………………………… 140

有田和正主要著作一覧………………………………………………………………… 141

I 章

すぐれた授業のモデル

1 社会科の授業モデル

すぐれた授業のモデル例①

考えさせ，迷わせる資料が子どもの追究を生む
——みごとな資料を使った田中力先生の会心の授業——

(1) 資料を見た瞬間「すごい！」と

　2006年3月1日，筑波大学附属小学校の長谷川研究部長から，「田中力先生が，退官記念の研究授業をするから見にきませんか」というさそいを受け，喜んで出かけた。

　やはり，出かけただけのことはあった。田中先生の授業は，今までいくつも見てきて，「あっ！」といわされることが何度もあった。今回の授業も，資料を2枚提示した瞬間，「これはすごい！」と思った。わたしの発想に全くないものであった。これまでの「総決算」ともいうべき資料を見せられて，その非凡さに「さすが，田中先生！」と思った。

　はじめにちょっとした導入があったが，それは不要であった。次ページの（A）（B）2枚の資料（カラーの美しい資料であったが，ここでは白黒しか出せないのがくやしい）を提示したとたん，子どもたちが，地図帳を開いて調べ出したのには驚いた。

　このクラスは，田中先生が1月から担任してわずか2か月である。それなのに発問もしないのに調べ始めるのである。腕のよい人がふた月も担任すれば，こんなにもなるのかと，教師の腕の善し悪しを思わずにはいられなかった。

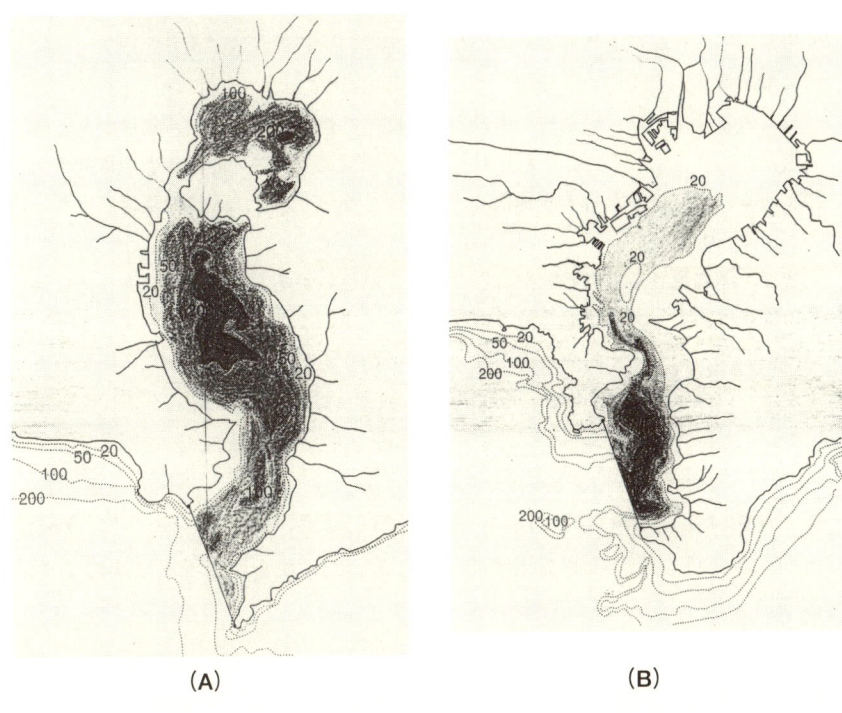

(A)　　　　　　　　　　　(B)

(2) 2枚の地図をもとに話し合う

　地図を見ていた子どもたちが，東京湾と鹿児島湾だという。田中先生は「証拠は何か？」とつっ込む。

　(A)は桜島があり，(B)には三浦半島があり，海岸がコンクリートで造られているから。だから，(A)が鹿児島湾で，(B)が東京湾だときっちり読みとっている。

　田中先生は，「よく見つけたね」とほめながら，次の問いをする。

　「海の深さは，どちらが深いか？」

　この問いは後の養殖や漁獲量などと深い関係があるので問いの順序がよいと思った。指導案は，市街地の広がりや埋め立てられた海岸線などを問うようになっていたが，実際は「海の深さ」から入ったのがすごいと思った。子どもの反応，動きを見て，問いの順序をすばやく替えたのである。

> 　東京湾も鹿児島湾も外部との水の交換が少ない閉鎖性海域であり，面積もほぼ同じであるが，全く異なる様相を示している。
> 　最も大きな違いは，東京湾が川の下流に開けた湾であり，干潟や藻場が多い浅い湾だということである。これに対して，鹿児島湾は二つのカルデラからできた湾であるため，海岸からすり鉢状に一気に深くなっていて，干潟や藻場が少ないのである。
> 　また，湾に流れ込む川の数や大きさ，長さに違いがあるため，湾に流れ込む淡水の流量は，東京湾が鹿児島湾の約5倍となっている。
> 　汚染が進んだり，干潟や藻場が減少していたりするなどの理由から漁獲量の減少が激しい東京湾ではあるが，2003年でも漁獲量は鹿児島湾の約5.5倍になっている。

　鹿児島湾は深く，東京湾は浅い。船の運航には深い方がよいが，ノリ養殖には浅い方がよい。二つの湾を比べてみようとした理由を，指導案に次のように書いている。
　「東京湾と鹿児島湾を比較するというヒントをもらったのは，畠山重篤氏（『森は海の恋人』の著者として有名）からであったという。自分でも調べてみて，これはよい教材になると感じた」と。
　ここに書いてあるとおりの追究を子どもたちはしたのである。つまり，田中先生が追究したすじ道を子どもたちも，そのとおりに歩んだのである。
　田中先生が子どもたちに教えたのは「数字」だけであった。もっとも本時の場合，数字が大きな役割をしているので，「調べる方法を考えさせるべきだ」「そしてそれぞれが資料をさがして調べさせるべきだ」という意見は出るだろう。
　しかし，大人のわたしが調べようとしても容易なことではない。このような場合には提示できるデータを示して，それをもとに考えさせるべきである。田中先生は，このことをきっちりと実践したことも好感がもてた。
　例えば，「面積はどちらが広いですか？」という問いに，子どもたちからは「ほぼ同じくらい」「鹿児島湾の方がふくらんでいる分，広いようにも感じる」「いや，東京湾の方がちょっと広い感じがする」と，多様な見方，考え方が出

た。しかし，調べる資料は手元にはない。

「実はね，こうなんだ」といいながら，田中先生はカードに書いた湾の面積を示した。「東京湾 1380km²」，「鹿児島湾 1040km²」である。子どもたちが迷うはずである。わたしもどちらが広いか，地図を見ただけではわからなかった。

だからこそ，発問する価値があるのである。子どもに考えさせ，迷わせる。そうしておいて正解を示す。実に印象深く残る。

「湾に流れ込む川の数は，どちらが多いでしょう？」という発問には，「東京湾が多い」とすぐに答えた。田中先生はにこにこしながら，「では，東京湾に流れ込む川の数は，いくつくらいですか？」と問うた。東京湾が多いと答えさせておいて，「ではいくつくらい？」と問う。発問の組み立てが実によい。

子どもたちは数えようとしたが，とても無理だとさとる。その様子を見てとった田中先生は，「東京湾に流れ込む川は約 60。鹿児島湾に流れる川は 35」と，これまた驚くような数字を子どもに教えた。子どもたちもびっくりしているが，わたしもびっくりした。全く見当がつかなかったからである。

それにしても，この数字，どこで，どのように調べたのだろう。尋ねてみたいと思った。が，まだ尋ねていない。子どもたちに，「どうしてわかったの？いつ，どこで調べたの？」と聞いてほしかった。答えを聞くより，「調べ方」を聞くほうが上等であるし，後に生きる。社会科で子どもを育てるとき，「調べ方」を尋ねる子どもにしたいものである。

「一級河川は，東京湾には，荒川，多摩川，鶴見川の 3 本も流れ込んでいるが，鹿児島湾は 0」と教えたが，提示された地図をよく見てもわからない。地図帳を見てもわからない。

「漁獲量はどちらが多いでしょう？」と発問すると，「鹿児島湾」という子どもが多かった。海が汚れていないからだという。

田中先生が「東京湾の漁獲量 30543 トン，鹿児島湾 5587 トン」と板書すると，子どもたちから「えっ？」という声が出た。予想がくつがえされたからである。

田中先生にとっても会心の授業の一つだったと思う。

(3) 田中先生の指導案にまとめられている情報

東京湾 VS 鹿児島湾

項目 \ 湾	東京湾	鹿児島湾
面積	1380km²	1040km²
閉鎖度指標	1.78	6.26
波高頻度	0〜50cm：76.2％ 50〜100cm：21.7％ 100cm以上：2.1％	0〜50cm：96.92％ 50〜100cm：3.0％ 100cm以上：0.0％
流れ込む河川	約60	35
一級河川	荒川，多摩川，鶴見川	なし
流れ込む淡水	約100億トン	約20億トン
藻場面積	1477ha	340ha
干潟面積	1640ha	194ha
海岸線の性状	自然海岸：9.0％ 半自然海岸：4.7％ 人工海岸：85.3％ 河口部：1.0％	自然海岸：40.8％ 半自然海岸：20.4％ 人工海岸：37.5％ 河口部：1.3％
COD	2.7mg/ℓ	1.2mg/ℓ
漁獲量	30543トン（5.5倍）	5587トン
魚種	アサリ，カタクチイワシ，スズキ，サバ	アジ，カタクチイワシ，タイ
養殖収穫量	24344トン	32687トン
養殖種別	ノリ（97％）	ブリ，カンパチ（97.5％）
総隻数	31万1087隻	15万1230隻

※ 閉鎖性指標：数値の高いほど閉鎖性が高い。
※ COD：科学的酸素要求量。数値が高いほど水質が悪い。

＜上の資料を作成するのに使った資料＞
- 「錦江湾みらい総合戦略」（錦江湾みらい総合戦略推進協議会）
- 「第4期鹿児島湾ブルー計画」（鹿児島県環境生活部環境管理課）
- 「探してごらん東京湾」（水産庁漁場資源課）
- 「私たちの東京湾」（豊かな東京湾再生検討委員会）
- 「水産週報」（時事通信社）
- 「漁業地区別・魚種別漁獲量」「海面養殖業魚種別漁獲量」（鹿児島県林務部水産振興課）
- 「東京湾の魚種別漁獲量・収穫量」「東京湾のノリの収穫量」「東京湾の生産量の推移」（水産庁増殖推進部漁場資源課）
- 「日本＜汽水＞紀行」（畠山重篤著・文藝春秋）

前ページの表をご覧いただきたい。すごい資料である。いったいどうやって調べたのだろうか。まとめた資料はないはずなので，おそらく東京と鹿児島で一つひとつ時間をかけて資料を集め，まとめたと思う。
　わたしがこの表にないものとして調べたのは，「漁協の数」である。これは漁獲量と関係があるから，あったほうがよい数字だと思って調べたものである。

東京湾の漁協　24 （東京都・千葉県・神奈川県）	鹿児島湾の漁協　15 （県全体では49［離島なども含む］）

東京湾は千葉県，東京都，神奈川県にまたがっているので調べるのが大変で，3都県の東京湾に面している漁協の数が24であった（2007年1月）。

　田中先生に，「どうして調べたか教えてください」ではなく，自分だったらどうして調べるか考えることだ。そこから追究が始まる。
　見出しを見ていただくと，わたしがどのような角度から授業を見て，どこがすぐれているのかがわかると思う。そのように書いたつもりである。

> **わたしの一言**
>
> 　「これぞ社会科の授業」といえるもので，近年わたしが見た授業の中で最もすぐれたものであったと思う。今も楽しそうな追究の様子が目にうかぶ。驚いたのは，前の担任が急に亡くなって，1月から担任しての3月1日の授業だということである。わずかふた月足らずでこれだけの子どもを育てた腕はすごい。まさに「プロの技」である。こんな社会科授業をめざしてほしい。資料づくりもまねしたいが，なかなかこの域に達するのは大変だ。

すぐれた授業のモデル例②

二軒の弁当屋から「街の違い」が見える授業
——臼井忠雄先生のみごとな教材開発——

（1） 足がくぎづけになった授業

　近ごろは，社会科の研究会そのものが少ないため，その中から「これはすごい」という授業を見つけ出すのは至難の業といえる。また，たまたま社会科の授業を参観する機会があっても，1時間全部を見ることは，それこそめったにない。

　こういう状況の中で，筑波大学附属小学校の研究会で，偶然，臼井忠雄先生の授業に出会った。幸運としかいいようがない。ほんのちょっとのぞくつもりで教室に入ったら，足がくぎづけになり，とうとう1時間見てしまった。

　それはなぜか？　わたしが筑波大学附属小学校に勤務していたとき，何度か取り上げた「春日通り」と「千川通り」の違いを，臼井先生は全く違った視点から取り上げていたからである。

　そのセンスのよさに，舌を7回半巻いた。その授業では，わたしが考えもしなかった「二軒の弁当屋」を取り上げていた。授業を見ているうちに，それぞれの弁当屋が，二つの通りの特徴を明確に表していることに気づいたのである。

　次ページの断面図でわかるように，春日通りは台地の一番高い所にあり，千川通りは二つの台地の谷を走っている通りである。しかも，千川通りの下は「暗渠」になっており，見ただけでは普通の道に見える。しかし，昔は川だったのである。交通量が増え，道が狭いため，千川の上にふたをして通路にし，川の部分は下水道にしたのである。

（2） 単純明解な教材を使った授業

①　二つの弁当屋の写真提示

　授業は，春日通りと千川通りにある二軒の弁当屋の写真を提示することから

始まった。

> これは，どこにある店ですか？

と，にこにこしながら問いかけた。

そのとたん，今まで静かだった子どもたちが，わいわい，がやがやいい始めた。ふだんからよく観察している子どもは，かなり自信をもって発言している。そうかと思うと，「全くわからない」という子どももいる。

わたしがおもしろいと思ったのは，店

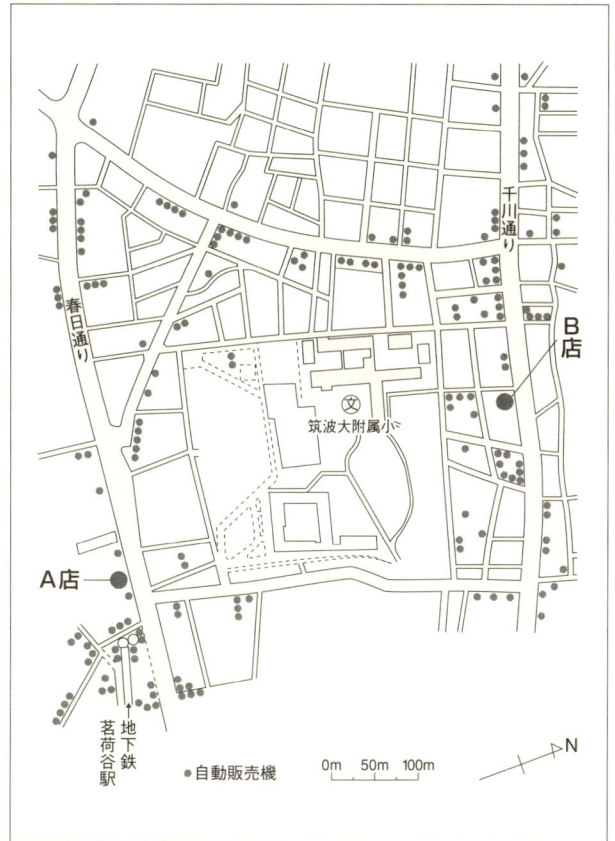

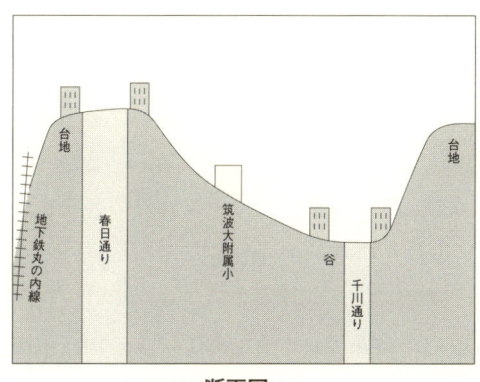

断面図

※地形を真横から見ると左図のようになっている。地図だけでは読者にわかりにくいと考えて筆者が作成したものであり，授業では使われていない。

3年生というのは，「高低差に弱い」という特性があるので，なおさら断面図が必要である。しかし，臼井学級には必要がないようであった。

の雰囲気で，千川通りにある店と春日通りにある店がわかった子どもがいたことである。二つの通りの違いを，嗅覚といったものでかぎわけているのである。

なかなか鋭い子どもたちだ。

店の名前までもわかる子がいたのには驚いた。おそらく，一度も買ったことはないはずなのにである。一軒は「A店」で春日通りにあるといい，もう一軒は「B店」で千川通りにあるというのである。

店の雰囲気で，通りの違いをつかませようという教師のねらいに，いとも簡単にせまっているのである。社会科的センスを鍛えるというのは，こういう子どもを育てることをいうのである。

臼井先生は，地図を提示し，「A店」と「B店」の位置をさがさせた。このあたりの手ぎわが実によい。

授業には，リズムとスピードが必要である。臼井先生の授業は，のんびりしているようで，テンポが実によい。子どもの感覚に合っている。だから子どもが全員参加し，全員しゃべっている。実に楽しそうだ。見ているわたしも楽しくてしかたがなかった。

すごいと思ったのは，自由にしゃべらせながら，ポイントどころでは静かにさせ，全員に徹底させていることだ。泳がせるところとつかまえるところのかねあいが，実にうまい。

ベテランのなせる技だと思った。

② 二つの弁当屋・「A店」と「B店」の違い

> 「A店」と「B店」は，どんな違いがありますか？

と，いよいよ本質的なところへ進む。

「A店」は，写真をよく見ると，女性の客が多い。どうして女性の客が多いのか，という「はてな？」が自然に出た。これはすごいことである。「B店」の方は，逆に男性客が多い。これも「はてな？」になる。

なかには，「B店」は男性の客が多いから弁当が大きいのではないか，値段も高いのではないか，と鋭い予想を出す子どももいた。この予想が出たところ

で，臼井先生は，本物の弁当を出した。(写真参照)

③　値段と営業時間の違い

「B店」の弁当は500円（税込），「A店」の弁当は504円（税込）と教師がいう。さらに，「B店」の営業時間は4時30分～13時30分，「A店」は9時30分～20時という基本的な情報を知らせた。

どうして営業時間がこんなに違うのか？

千川通りには，工場が多く利用客が多い。決まった客が多くくるという。「B店」の弁当は値段の割に量が多く，おいしいという評判が立っている。

「A店」の弁当

「B店」の弁当

千川通りには，印刷・製本工場が大小合わせて790もあり，そこで働く人の数も多い。臼井先生は，「B店」の弁当で，千川通りは工場地域という特徴をとらえさせるのに成功したのである。

一方，「A店」の弁当からは，春日通りという台地の通りには，学生や会社員が多く，見た目にきれいな弁当が売れることをつかませた。

「A店」のある春日通りは，地下鉄の駅があり，レストランや食堂が多いので，「B店」のようななじみの客が少ないのではないかという鋭い予想が出て，びっくりする。つまり，通りすがりの人が買うことが多いのではないかというのである。

こんな予想が出てきた。通りによって客すじが違うので，客に合わせた弁当屋ができているのだというのである。

④ 弁当屋から街の違いが見える

二軒の弁当屋から，「街の違いが見える目」を子どもたちに育てたのである。

たった二軒の弁当屋から，街や通りが全く違うことがわかる。つまり，働く人や仕入れの内容も違うし，住んでいる人も違うということに気づかせたのである。あとは，実際に自分の目で予想を確かめることはまちがいない子どもたちだった。

> **わたしの一言**
>
> 　たった二軒（Ａ店とＢ店）の弁当屋から，「春日通り」「千川通り」の街の特色をみごとにとらえている典型的な社会科授業である。モデルにもしやすい。このような「典型的な事例」を取り上げて比べさせることだ。
> 　「教材はどこにでもある」ということの典型的な例でもある。
> 　二軒の農家を比べる，二軒の漁家を比べるといったことがアイデアとして出てくる。参考になるすばらしい授業である。

すぐれた授業のモデル例③

ランプ一つで「昔の暮らし」を考えさせた授業
―― 森田文恵先生のみごとな教材さがし ――

（1） ユニークな教材さがし

研究授業で３年生の社会科「昔の暮らし」の学習に取り組むことにした森田文恵先生（兵庫県伊丹市立伊丹小学校）は，昔の道具を使って授業をしたいと考えた。洗濯板などを使っている授業は多いが，ほかにもっとユニークなものはないかと考えた。

博物館などをまわってみた。図書館にも行ってみた。しかし、「これだ」というものがみつからない。

考えに考えた末、「ランプと蛍光灯の明るさを比べてみたらどうか」と思いついた。それで、早速、ランプさがしを始めた。

ところが、伊丹市のどこをさがしてもランプがみつからない。博物館にもない。心当たりのあちこちにも電話をかけた。しかし、手がかりは全くなかった。

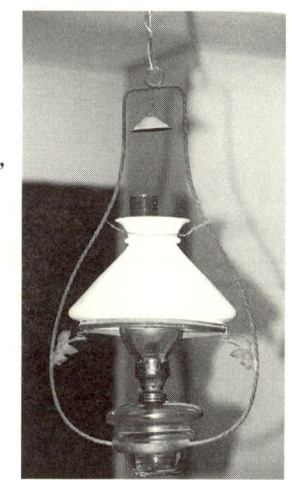

あきらめかけたとき、ひらめいたのは、ちょうど年末にさしかかっていたので、年賀状を兵庫県の田舎の方へ出して、ランプが残っていないかたずねてみようというアイデアだった。すぐに年賀状を300枚買い足した。

そして、電話局へ行き、兵庫県の北部の田舎の電話帳を借りてきた。これを見て、手あたりしだいに、「ランプを持っていませんか？　もし、お持ちでしたら、社会科の学習に使うので貸してください」という年賀状を300枚書いた。もちろん、連絡先も書き添えた。

300枚出して、そのうち一人から、「ランプを持っています。必要ならお貸ししますので、家までおいでください」という返事が届いた。

森田先生は、冬休みに小さな子ども三人を車に乗せて、ランプのあるその家をたずねた。ぐずる子どもをあやしながらあちこち走り回って、ようやく目当ての家にたどりついた。その時のうれしさは言葉では表せないといっていた。なぜなら、半年もかけてやっと念願のランプがみつかったからである。

こんなユニークな方法で、ついにランプを入手することができた。これこそ社会科教師のお手本である。

(2) ランプみがきは子どもの仕事？

ランプはかなり古いもので、真っ黒に汚れていた。みがこうと手を入れようとしたが、大人の手は入らない。そこで、子どもに手を入れさせたところ、す

一っと入る。そうか，昔はランプをみがくのは子どもの仕事だったのだ，とひらめいた。

そして，自分の子どもにピカピカにみがかせた。みがいている様子を観察しているうちに，ひらめきが実感に変わったという。

授業当日，汚れたランプを一人の先生がみがこうとしてみたが，手が入らないことがわかった。左の写真がそうである。

「いったい，どうしてみがいたのだ」と，この先生は「はてな？」をもった。この「はてな？」は，授業の中で子どもによって解決された。

(3) ランプは明るい？

授業は，暗室で行われた。子どもたちは「どうして？」という表情で部屋に入ってきた。

授業が始まった。森田先生はさり気なく電気を消し，部屋を真っ暗にした。参観者もみんなびっくりしたが，子どもたちの驚きは大きかった。悲鳴をあげる子どももいた。

ころあいをみはからって，森田先生はマッチをすり，ランプに点火した。

その瞬間，子どもたちは歓声をあげた。下の写真にその時の様子がよく出ている。ランプは教室の真ん中にさげられた。

子どもたちは，「ランプって明るいね」という。「昔の人は，このくらいの明るさで生活していたのだね」という。

子どもたちの感想は，「ランプは結構明るい」ということだった。森田先生は「家」という字を紙に書いてランプの光で読ませた（次ページの写真上左）。

読める。だから明るいという

のである。

　このあたりの演出が実にうまい。

　真っ暗な中でランプをつければ，かなり明るく感じる。子どもたちにそう思わせることができたのである。

　わたしは，かなり暗いと思ったけれども（写真上右），子どもたちは先生の演出にのせられて「明るい」というのである。

　ランプの光の中でおしゃべりをしてみる，じゃんけんをしてみる，トランプを

してみる，教科書を読んでみる，ノートに字を書いてみる，ポケットゲームをしてみる……。2枚の写真は，その活動のシーンである。

　このように森田先生は子どもたちにさまざまな活動をさせ，ランプ生活を楽

1　社会科の授業モデル　●　15

しませた。
　この計画が実にすばらしい。
　子どもたちに，ランプで何とか生活できると実感させるためである。
(4)　電気は明るいなあ！
　ランプの中での活動をしばらく続けた後，突然，ランプを消した。再び真っ暗闇である。次はどうするのだろうか，と子どもたちに考えさせる間をとった。しばらく暗闇のままである。
　こうしておいて，突然，蛍光灯がつけられた。子どもたちは，「明るい！」「明るい！」と大騒ぎである。ランプの明かりに慣れた子どもは，蛍光灯の明るさに驚くのである。
　「ランプに比べて蛍光灯はどうですか？」と森田先生が問う。
- 問題にならないくらい明るい。
- ランプが明るいと思ったけれども，蛍光灯はその何倍も明るい。
- 昔の人は，暗い中で生活していたことがわかった。
- ランプは，家族がランプのところに集まらないといけないのに，蛍光灯は明るいので家族はバラバラでも，何でもできる。
- 昔の人はランプのところに集まって，家族みんなで食事をしたり，話をしたり，仲よく暮らしたのではないか。
- 今の人はバラバラでも生活できるから，本当に幸せかどうかわからない。
- ランプは火事になったりすることもあったのではないか。油を使っているから油をこぼしたりして……。

　子どもたちの考えは，なかなか鋭いものであった。森田先生の演出も子どもたちのすごい考えを効果的に引き出したといえる。
　次に，森田先生はランプのほやをはずして，すすで黒くなっていることに気づかせた。そして，「明るいランプにするには，どうしなければならないか」と考えさせ，ほやをみがく必要性に気づかせた。
　「では，先生がみがいてみましょう」といって手をほやに入れようとしたが，入らない。子どもたちは「大人の手じゃだめだ！」という。

「では,誰がみがいたのだろう?」と問う。
「子どもしかだめだよ。子どもがみがいたと思う」という。
「そうすると,ランプみがきは子どもの仕事だったんだね。昔の子どもは,手伝いしなければならなかったようですね」
「もし,子どもが怠けてみがかなければ,暗くて家族みんなが困りますね」
　子どもたちは,昔の子どもたちは手伝いをせざるを得なかったことに気づき,今の自分たちは何もしていないことにも考えが及んでいった。
　ランプ一つでこんなすばらしい社会科授業ができるのである。教材がいかに大切かを学んだ授業であった。

わたしの一言

　わたしは,この授業を見たとき,身ぶるいした。よくぞこんなアイデアを考え出したものだと。まわりの人たちの協力もあったらしいが,中心になったのは森田先生であることはまちがいない。
　「ランプ一つ」で,こんなすごい授業ができることを心に刻んでほしい。つまらぬ資料をたくさん提示する授業のいかに多いことか。社会科資料は「3枚以内」というのが鉄則だとわたしは考えている。経験則からいえることである。

すぐれた授業のモデル例④

有袋りんごと無袋りんご,どちらが赤い?
——「りんごの袋にはナゾがいっぱい」といわせた川井孝寿先生の授業——

(1) 教師の願い

　福島県は,山形県とならんで「果物王国」といわれ,その生産高を競い合っている。子どもたちも,福島県は梨やりんごの生産量の多いことや産地として知名度が高いことを知っている。

川井孝寿先生（福島大学附属小学校）は，このような子どもの実態をもとにして，生産農家の工夫や努力を中心に追究することで，身近な地域で行われている生産・販売活動が，自然環境を生かしたり，消費者の思いや願いを取り入れたりしながら営まれていることに気づかせたいと考えた。
　今回の社会科（3年）の授業では，りんごを中心に追究を進めていく。

(2) どちらが袋をかけたりんごか？

　本時のねらいは，「有袋と無袋の二つの方法でつくられたりんごを比較したり，りんごにかける袋を観察したりする活動を通して，"袋かけの秘密"について自分なりの問いをもつことができる」というものである。
　授業が始まったとたん，赤色と黄色のりんごを提示し，「どちらが袋をかけたりんごでしょう？」と問いかける。
　子どもたちの多くは，赤い方が袋をかけていないものといった。「袋をかける」と光がさえぎられるから，赤い方が袋をかけていないものだと考えた。ところが，6人の子どもは「袋をかけても色はつく」と強く主張し，論争になる。

　論争を聞きながら，教師は，

> りんごの袋の秘密を探ろう。

と焦点化し，「りんごにはどんなちがいがあったかな？」という問題を板書した。
　子どもたちは，りんごをさわりながら積極的に意見をいう。これにまた反対意見が出る。
　例えば，次のような意見が出た。袋をかけても，木の下にシルバーシートをしいたりするので，色はつくという。葉をむしり取ったりして，日光が袋の上から当たるの

で，色がつくというのである。

　いや，なんといっても，太陽に直接当たったものが，赤くなるのが自然の原理だという。お互いなかなかの説得力である。

　袋をかけたとしても，薄い袋なら色がつく。だから，袋をかけても，かけなくても，りんごは赤くなるのだ，という意見も出た。

　しかし，川井先生が提示したもう一方のりんごは，まるで梨のような色である。

　子どもたちの論争が少し行きづまりを見せ始めたとき，川井先生は，

> 実は，きれいな赤色になっている方が袋をかけたものです。

という。わたしもびっくりであった。完全に裏をかかれた。そして，「どうして？」と考え始めた。

　6人は，「やっぱり」といったが，残りの子どもは，「そんなバカな！」と納得しがたいという。

　まさに，「りんごの袋の秘密」である。袋と着色と日光の関係が問題になる。わたしも，なぜかと考えるがわからない。そのことを見こした川井先生は，りんごの袋を配布した。きっちり準備している。

（3）袋の秘密の追究

　袋をもらった子どもたちが，多様な行動を始めたのには驚いた。なんと水につけてみているではないか（下の写真）。

　水につけて，袋の中に手を入れてみると，しめっていないという。つまり，水が中に通らない袋だという。

　いや，「水もはじく袋だ」というのである。図のようにノートに書い

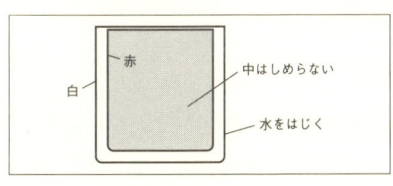

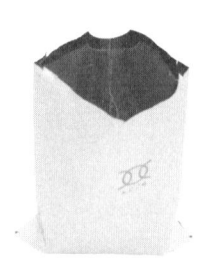

ている。
　袋を「日光」にすかして見ている子どももいる（右上の写真）。調べ方が理科的というか，科学的である。
　日光を見ていた子どものノートには，「光は通る」と書いてある。
　二重になっている袋をはずして，一枚にして見ている子どももいる。
　外の袋は，ミシン目が入っていて，破れやすくなっている。りんごが大きくなると，ミシン目のところで自然に破れて，日光が当たるようになっているのではないか，と考えている子どももいる。
　中の赤い袋は，うすくて光が通る。しかも，つるつるの袋である。だから，ある時期に外側の袋をはずせば，光が当たり，今まで日光が当たっていないぶん色がつきやすいのではないかと考える。
　ある時期になると葉をむしり，光がよく当たるようにする。下にはシルバーシートをしく。
　袋をかけた方が色がつきやすいのは，袋をはずす時期と，葉をむしり，シルバーシートをしく時期が一緒だからではないか，とも考えた。
　とにかく，袋をもう少し調べないと，袋をかけた方が色がつきやすい理由はわからないというのである。よく考えるのに本当に感心した。今から追究するつもりのようだ。

（4） 5 か月間袋をかけていたりんご

　袋の問題が一段落したところで，突然，一つのりんごを出した。それは，5

か月間袋をかけたままのりんごだという。

「さあ，どんな色をしているでしょう？」とにこにこして問いかけた。

袋をかけていたりんごの方が赤くなっていたから，これも赤色だろうと予想した。

しかし，とり出したりんごは，なんと「白色」に近い「黄色」であった。

子どもたちは，「おいしいかな？」と興味津々である。川井先生は，「食べさせてあげようかな？」とじらしながら，小さく切って全員に食べさせた。

早速食べて，その味をノートする。とにかくよく発言し，よくノートする子どもたちであった。

川井先生によって学習することの基本を鍛えられていた子どもたちであった。

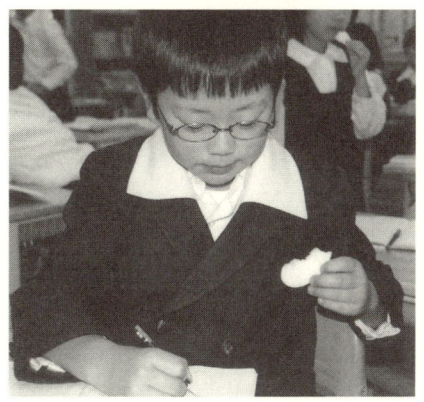

> ・・・・ わたしの一言 ・・・・
>
> 　川井先生は，実にわかりやすい教材を開発する達人である。
> 　袋をかぶせたりんごとかぶせないりんご――どちらが赤くなるか？
> 　大人だって即答などできないのでおもしろいではないか。事実わたしも夢中で考えた。
> 　そして，川井先生によってみごとにひっくり返された。ひっくり返されたり，目を開かされたり考えさせられたりする授業がおもしろいのだ。こんな授業を開発したいものだ。

すぐれた授業のモデル例⑤

「ビール1杯30万円」って何？
――交通事故に立ち向かうSさんに目を向けさせる柳沼孝一先生の授業――

(1)「ビール1杯30万」に驚く

　にこやかにあいさつした後，柳沼孝一先生（福島大学附属小学校）は，突然「ビール1杯30万」という看板のようなものを提示した。

　わたしは，「ドキッ！」とした。

　「1杯30万円もするビールが本当にあるのだろうか？」と思い，「いや，何か教師のたくらみがあるな」と考え直した。

　子どもたち（4年生）は，

　・そんなビールあるはずがない！

　・いや，量が多ければあるかもしれないよ。

　・何かありそうな気がするな！

　・ばかばかしい気がするけど，飲む人がいるかもしれないよ。

　こんなやりとりをしているうちに，ある子どもが，「見たことがあるような気がする！」といい出した。「ビール見たの？」と問うと，「いや，看板だったような気がする」という。すると，もう一人の子どもが，「わたしも見たことがある」といい出した。

　他の子どもが，「どこで？」と問いかける。二人は前に出て，相談しながら黒板に地図を書き始めた。みんな，シーンとして地図を見守っている。

　わたしもようやく，「交通事故防止の看板ではないか」と考え始めた。

　「ビール1杯30万」とは，引きつけて離さない迫力がある。

(2)「ビール1杯30万」の看板を見に行く

　二人の子どもが見たといって地図を書いた。その場所に行ってみようということになる。場所は，福島市の岩谷下交差点（国道4号線と115号線が交わる

交差点で，1日の交通量約5万台）であった。ここに見学に行く。

この交差点は，交通教育専門員のSさんが立っているが，子どもたちは出会えなかったという。

H君は「Sさんが朝の7時15分から8時15分の間しか交差点に立っていないのはひどい。だから昨年は5件もの交通事故が起きているんだ」という感想をノートに書いた。

柳沼先生は，このH君のノートから本時を展開しようと考えた。

(3) 岩谷下交差点の事故は減っているか？

柳沼先生は，「H君にノートを読んでもらいます。よく聞いて意見をいってください」といって，授業を始める。

案の定，多くの子どもたちから反論が出される。このことをしっかりと読んで，この授業を仕組んでいるところがすごい。

・ボランティアでやってるのだから，ひどいというのはおかしい。しかたないのではないか。
・Sさんは，タイヤの店をやっているから，ずーっとできるわけがないではないか。
・1日中，交通整理ができる人なんて，いないのではないの？

などなど，H君に対していろいろな意見が出た。子どもたちはよく考えてるな，と感心した。

こういう意見にもかかわらず，H君は，平成15年に5件もの

1 社会科の授業モデル ● 23

交通事故が起こっていることにこだわっていた。そして，Sさんの交通整理活動の時間帯が気になってしかたがないようであった。

これを見た柳沼先生は，「岩谷下交差点の時間帯別交通事故発生件数」のグラフ（右のグラフ）を提示した。

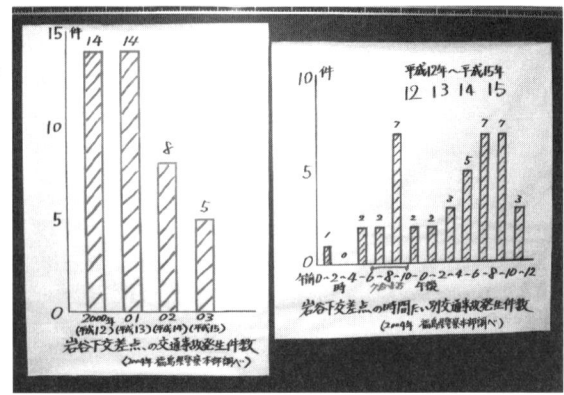

子どもたちは，平成15年の5件だけは知っていた。グラフを見た瞬間，「へえー！」と驚きの声が出た。

事故が多いのは，朝の8～10時，午後の4時～10時であることが，一目でわかる。午前2時～4時は0件である。

「Sさんが交差点に立ってる時間にも，事故が起きているかもしれない。しかし，このグラフではわからない」という子どもがいた。

そこで柳沼先生は，「Sさんは，7時15分～8時15分まで立っている」と情報を伝え，グラフの中に赤で書き込む。子どもたちは，「Sさんが立っている時間にも交通事故があるのか？」とつっこむ。なかなか鋭い子どもたちだ。

次に柳沼先生は，平成12年～15年の「岩谷下交差点の事故発生件数グラフ」（左のグラフ）を提示する。

子どもたちは「平成14年から急に減っている。それはどうしてか？」という。平成12年

は14件，13年は14件，14年は8件，15年は5件，という数値をもう一度よむ。

「合計41件だ」と，合計を見る子どももいる。なかなかおもしろい子どもたちだ。

交通事故発生件数を見て，「信号機が，平成14年に変わったのではないか」という。

「14年から急激に減ったのは，『思いやり信号機』（こんなのがあるらしい）ができたからだと思う」という子どももいる。

「まぐれかもしれない」。つまり，偶然かもしれないというのである。おもしろい見方だ。

「8件から5件まで減ったのだから，まぐれではないのではないか」「でも，証拠がないから『思いやり信号機』ができたからとはいえない。偶然ということも考えられる」。

とにかく，ああではないか，こうではないかと，グラフを見ながら考える。しかも話し合いを楽しんでいるようだ。

柳沼先生が，「『思いやり信号機』に変わったのはいつか知っていますか？」と問う。この交差点を毎日通っている子どももわからないという。

これはむずかしい問いだ。柳沼先生もわからないと思って，軽く問い，「『思いやり信号機』に変わったのは，平成14年1月である」と伝えた。
　そして，「思いやり信号機」を提示した。
　「やはり『思いやり信号機』の方が見やすい。だから，事故の件数が減ったのだ！」という。「ということは，信号機の方がSさんよりもえらいのだね」と柳沼先生がゆさぶりをかける。
　「ちがうと思うなあ」という子ども。
　「信号機の方がえらいと思う人　12人」
　「Sさんの方がえらいと思う人　12人」
と柳沼先生が確認していると，一人の女の子が「わたしは，両方えらいと思います」という。

(4) Sさんが24時間立っているのと同じだ！

　このあと「ビール1杯30万」の看板は，Sさんが一緒に働いていたYさんの事故死を悔やみ，二度と交通事故を起こさないようにとの願いがこめられていることを学んでいった。
　これには，新聞記事が資料として使われた。
　Sさんの働きかけで「思いやり信号機」も設置されたことがわかり，子どもたちは「信号機がえらいのではなくて，Sさんがえらいんだ」と考えるようになった。
　「Sさんは，1時間しか立っていないけれども，信号機や看板にはSさんの思いがこめられているので，24時間立っているのと同じだ」と考えるようになった。みごとな変容だ。

(5) Sさんからの手紙

　こんにちは，岩谷下交差点で交通安全活動をやっているSです。みなさんは，岩谷下交差点の「ビール1杯30万」の看板をもとに交通安全について勉強していると聞いています。この前は岩谷下交差点を見学に来たそうですね。「ビール1杯30万」の看板を見たでしょうか。実はあの看板には，わたしのいろいろな

思いがこめられています。その中の2つについてお話します。
　1つは，15年間，地域の交通安全活動をともにしてきたYさんを，あの岩谷下交差点で交通事故でなくしました。二度とあの岩谷下交差点では，交通事故を起こしてはならないという思いがこめられています。あれは，平成11年12月の午後5時ごろのできごとでした。あたりはもうすっかり暗くなっていました。救急車が店の前を通過したかと思うと，岩谷下交差点あたりで音が止まったのです。いそいで交差点へ行ってみると…あとはあまり思い出したくありません。ともに地域の交通安全を願って活動してきた友の死はあまりにもショックでした。
　もう1つは，飲酒運転は，ぜったいにやってはいけないという思いがこめられています。ビール1杯で車を運転し罰金を30万円払うだけならまだ幸せです。私の知っている人が酒を飲んで車を運転し人をはねて死なせてしまいました。今まで幸せに暮らしていた家庭は破めつし，楽しく学校に通っていた子どもさんも，学校を休むことが多くなりました。本人も勤めていた会社をクビになりました。建てたばかりのマイホームも手放すことになってしまいました。その後，福島からその家族はいなくなってしまいました。
　交通事故は起こした人も，事故をもらってしまった人も，その人はもちろん，家族，親せき，学校，職場の全てを不幸にします。私のあの「ビール1杯30万」の看板にこめた思いが届けばいいなと思います。
　みんなで交通ルールを守り，安全で安心な社会にしましょう。

わたしの一言

　柳沼先生は，地域教材開発の名手である。街の中の何でもないことから，みごとな授業にまとめ上げた。会津は高麗人参の生産量日本一である。これも教材化して，みごとな授業を展開した。そこには，典型的な資料が創り出されていた。
　「資料の中に」そして，「板書の中に」これだけは何としても教えたいということがこめられているのである。身近にこんな教材があるはずだ。それを活用したいものである。

すぐれた授業のモデル例⑥

東京の鉄道は便利か不便か？
――子どもがみごとに鍛えられた山下真一先生の授業――

（1） 社会科よ，元気を出して！

　総合的な学習などに比べると，社会科の授業や研究会は今一つ元気がない。社会科をこよなく愛する者として淋しく思っている。とともに，「何とか元気を出させたい」「元気あふれる社会科の授業をやってもらいたい」と願ってやまない。

　だから，少しでも見るべき内容のある授業に出会うと本当にうれしくなる。今回の山下真一先生の授業（社会科4年「わたしたちの東京」）も，問題とすべき点はあったものの，教材がおもしろいし，むずかしい資料を4年生の子どもが必死で解読しているところがすばらしかった。

　「よい教材は，よい授業を創る」という"教材開発"のコンセプトが生きている授業でありたいと思った。

　今回はわたしが感じた問題点も書いていくことにする。

（2） 交通の広がりと街づくり

　本時は，「東京のイラストマップをつくろう」「受け継がれた技を生かす」「東京って街はどんな街？」「交通の広がりと街づくり」という展開順の最後の「交通の広がりと街づくり」の2時間目である。

　単元のはじめから計算すると25時間目にあたる。単元の中心部といってよい。小単元名は「便利な鉄道と高速道路」である。

　①　中心資料の提示

　授業は，23区の主要な駅に半径500mの円を記入した資料の提示から始まった（次ページ写真上）。

　「この資料を見て，わかったことを発表しなさい」という山下先生の指示に，

子どもたちはすぐに反応した。「皇居のまわりに鉄道の駅がある」「駅から1km以内に駅がある」「北東の方に駅が少ない」「南東の方に駅が重なっている」「だから乗り換えに便利だ」。

　わたしは，提示された地図を見て，何を表しているかよくわからなかった。しかし子どもの発言を聞いているうちに，何を表わしているのかがようやくわかってきた。

　子どもたちの反応を見て，山下先生は「東京（23区）の鉄道のよさは何だろう？」と問いかけた。

　「乗り換えが便利」「たいていの所へ電車で行ける」「多くの人が電車を利用できる」「歩く時間が短い」「車を使わなくてすむ」といった利便性を次々とあげていった。

　このクラスを担任しておよそ1年，子どもをよく鍛えているなと感心した。子どもたちは，600名近くの先生方が参観する中，ものおじすることもなく，マイクをもって堂々と発言する。

　一番すばらしいと思ったのは，「まちがいを恐れないで，どんどん自分の考えを発言する」ことである。このあたり，よく育てているなと感心した。

②　白熱した討論になったけれども

　資料を全体的に見ることが一段落すると，「一番利用客が多い所はどこでしょう？」と山下先生は角度のある発問をした。今まで漠然としていたところから，資料の見方に「利用客の多さ」という角度が出た。

　「東京か池袋」「いや渋谷」「いや新宿だ。電車が何本も通っているから」……。

山下先生は「東京と新宿は，どちらが乗降客が多いか？」とさらに細かく問う。子どもたちの予想は，「ターミナル駅の東京駅だ」「新宿は乗り換えるだけ」などという。

東京はターミナル駅で，新宿は乗り換え駅だと子どもの考えをまとめる。つまり思考を集約・焦点化させたのである。このやり方はうまい。

こんな場面を見のがしてはいけない

こうしておいて，「1日の乗降者，新宿320万人，東京88万人です」と，子どもが調べることのできないことを見こして，山下先生はきちんと提示した。

子どもたちは，「あっ！」といった。次の瞬間，その理由を考えている。左上の写真を見てほしい。指を折って，東京駅にはいくつの電車が乗り入れているか，新宿駅にはいくつの乗り入れがあるか数え出したのである。教師の指示によってではない。子どもが自ら数え始めたのである。

「勉強のしかたを知っているな！」と感動した。社会科のクラスはこうでなくては！

〈東京－13の電車，新宿－9つの電車〉

　子どもたちは，東京が多いのは「新幹線がいくつもあるから」という。「新宿は9つだけど，乗り換えが便利だ」という。

　このあたりの読み取りはすごい。

　「新宿は乗り換えが多いから数えられるが，東京は改札口を出ないから数えられないからではないか」という意見に対して，多様な意見が出た。

　「東京駅は乗り換えしにくい」「新宿はいちいち乗り換えなくてはならないから，便利じゃない」「いや，新宿まで一直線で行けるから便利だよ」「東京は出入り口が少ないから，便利のようで便利じゃない」「いや，東京からはどこへでも行けるから便利だよ」

　「何をもって便利」とするか個人差があるため，白熱した討論の割には，かみ合わない。つまり，「便利」「不便」の根拠が一人ひとり違うのである。

　ここで教師は，「何をもって便利とするか不便とするか，根拠を考えましょう」というべきなのである。

　しかし，山下先生は「どちらが便利か？」というばかりで，根拠のところへ話を進めない。わたしは見ていて，いらいらした。

　社会科は，きちんと根拠を示して，「××である。その理由は，○○である」と考えるべきなのである。

(3) わたしの講評

　この授業について，わたしに講評が求められた。先輩として少し厳しい講評をした。そうしなければ，600名もの参観者が納得しないだろう。

　第1に，社会科はもっと単純明快な資料を使うべきである。わたしにもよくわからない資料では，他県の人には全

参観者も引きつけられる

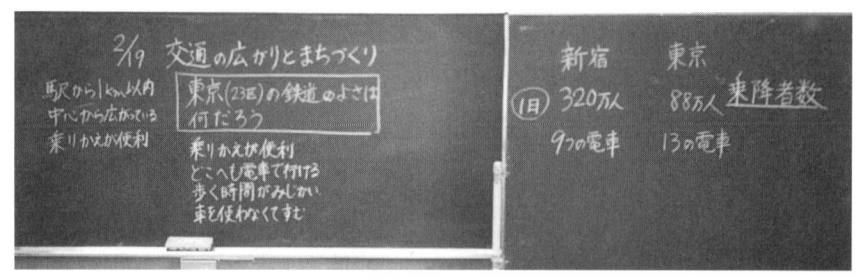

単純・明解な板書

くわからないだろう。

　①身近な資料から広い世界がみえるものでなくてはならないし，②調べ方が多様に工夫できるものでなくてはならない。そして，③能力に応じてどこまでも追究できるものでなくてはならない。教材を深く研究すれば単純化できるはずである。「よい教材（資料）は，よい授業を創る」ことをもう一度考えてほしい。

　第2に，授業はスイカである。おもしろいところ（おいしいところ）を最初に出すべきである。

　例えば，トイレの便器の数は，新宿駅は320万人の乗降客に対してわずか78個，東京駅は88万人に対して478個である。トイレから考えればどちらが便利かとか，考えるポイントはいくつもある。もっと数にこだわるとわかりやすくなる。

　第3に，話し合いのしかたであるが，話し合うことによって新しい価値が生まれてくるようにしなければならない。

　しかし，この授業では中途半端で終わっている。しかも，発言がすべて「〜だ」という常体である。これは「〜です」「〜と思います」というように敬体にすべきである。

　第4に，よかった点であるが，「何という資料の，何ページに，こう書いている。だからこう思う」という子どもの発言のしかたは社会科的ですばらしい。

　また，山下先生の板書は，子どもが書けるスピードでゆったり書いて，文字もきれいであった。やはりよい授業といえよう。

> **わたしの一言**
>
> 授業の見方はいろいろある。たしかに問題のある授業ではあった。しかし，子どもはよく鍛えられていてすばらしかった。結局，教師の資料の作成技術に問題があったのだ。これをわかりやすいものにしたら，もっと社会科らしい討論がなされ奥の深い授業になったであろう。資料の作成技術を身につけてほしい。

すぐれた授業のモデル例⑦

「会津桐下駄」の教材開発とその授業
―― みごとな教材開発を見せた川井孝寿先生の授業 ――

(1) よい授業と教材に出会う

　久しぶりに胸のすくようなよい授業に出会った。教材がすばらしかった。福島大学附属小学校の川井孝寿先生の授業である。

　福島県の会津には，高麗人参や桐下駄など，よい教材がある。川井先生は，桐下駄を4年生の伝統工業の教材に取り上げていた。

　単元名がおもしろい。「福島散歩道」という。この名で，県内のおもしろい教材を取り上げようという考えである。それを結び合わせると，「福島県の特徴」をとらえることになる。

　わたしは，はじめから最後まで，じっくりと授業を見せていただいた。楽しくて，内容のある授業であった。

　子どもたちも，「はてな？」をいくつももって，追究することだろう。なかなか鋭い子どもたちだったから。

(2) 桐下駄の教材研究

　川井先生から，資料をいただいた。先生は，桐下駄について次のように「私

の教材発掘」という題で書いている。

> 「会津の桐は日本一なんです」―喜多方市にある会津桐専門店『やまき』のご主人で，下駄職人でもある横山清衛さんのことばは力強かった。
> 会津桐の特徴
> ・材質がよく，緻密である。
> ・材に粘りと光沢がある。
> ・材色が銀白色で，重い。
> ・液状の木目があり，チヂレメと称して愛用されている（特に，琴の表面）。
> ・年輪が明瞭で，減っても割れることがほとんどない（下駄に適している）。
> これは，全国で販売されている桐製品において，会津の桐が最高級であることを意味しているという。

福島県は，桐の生産量が日本一である。どうして，福島県の桐がよいのか。川井先生は，次のように，3項目あげている。

> ●只見川によってできた豊かな河岸段丘は腐葉土をたくわえ，土壌が肥沃である。
> ●日当たりがよく，西陽が強く射さない傾斜地が多い。
> ●約半年間に及ぶ積雪で風が止み，雪の反射によって，真冬の最低気温も，桐の栽培が困難な－20℃を超えない（低くならないということ）。

これらの文を読むと，会津の気候風土が見えてくる。寒い，風が強いと思っていたが，雪でおおわれることにより，寒さも，風もよけることになる。

全く思いもしないことであった。

そういえば，冬の網走は，流氷がくると潮風が吹かなくなり，塩害が減るときいて驚いたことを思い出した。流氷と雪――何か通じ合うものがあるようだ。

「桐下駄」は，「柾目(まさめ)」（年輪）が命という。柾目がまっすぐ，かつ細かく通って，しかも，左右が対になっているものを「合い柾」といって，最上級であるという。高価なものは，2～3万円のものまであるという。ちなみに，柾一本あたり800円から1000円の値打ちがあるという。

おもしろいと思ったのは，「『木と同じ』で『桐』と書く」ということである。

桐は木ではなく，木と同じようなものというのだ。桐は，ゴマノハグサ科の植物であるという。

桐は畑に植栽する「農作物」であり，このため，病虫害の被害を受けやすく，手間もかかるというのである。それで，「桐ドクター」なる専門家を養成し，高品質の桐栽培の指導にあたっているという。

このあたりのことを読んで，わたしにとってはおどろきであった。「桐の木」と思っていたのに，「農作物」というのだ。しかも「桐ドクター」までいるというから，会津の桐栽培は本格的である。

わたしの桐の木のイメージを完全にくつがえされた。しかも，桐は下駄のほか，たんすなどにも活用されていたが，近年，ベビーベッドやスピーカーなど，材質を生かした新しい商品の開発にも期待されているという。

大ざっぱにいって，以上のようなことをつかんで，授業を参観したかったが，わたしの場合，授業のあとに，川井先生の「教材開発」を読むことになった。授業の理解度が全く違ってくる。附属小学校に行くまで何の授業をするかわからなかったのでしかたのないことであるが。

ふだんから，各地の教材になりそうなものを研究しておく必要のあることを学んだ。

(3) 授業の様子

① 風呂敷包みを見せる

とたんに，「桃じゃない？」「いや，ラーメンだよ」などと，活発に予想する。すごい子どもたちだ。よく育っていると思った。

川井先生は，「産品マップにのっているものだよ」と，ヒントを出す。

「ラーメンだな」と決まったようなことをいう子どもがおり，大笑いになる。明るいことこの上なしだ。

しかし，なかなか「下駄」が出てこない。

そろそろいいかな，と思ったころ，川井先生は風呂敷包みをあけ，桐下駄を見せた。

「あっ，下駄だ」「はいてみたい！」と子どもたちがいう。なんと行動的だろ

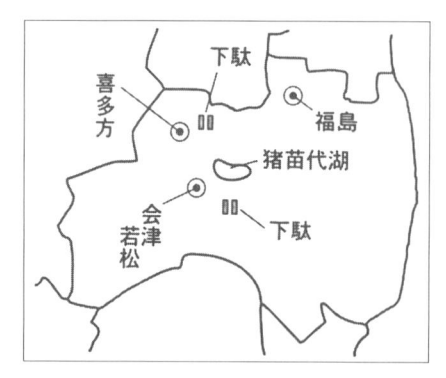

下駄を提示する川井先生

う。下駄を出しただけで「はいてみたい！」と川井先生に要求する。

「あっ，そうだ，今日は下駄の日だ！」という子どもがいてびっくり。そんな日があることなど全く知らなかった。わたしは，「はてな？」と思った。

② 下駄を両手にして歯を見せながら

「どうして下駄の日なんだ？」と川井先生は問う。

子どもたちは，「下駄の歯をタテに見えるように要求」して，「こうすると11月11日になります」という。

別の子どもが，「あっ，地図帳にのってる！」という。「喜多方のすぐ右の方に，桐下駄というのがのっています」という。

地図の使い方の上手なこと。しかも，速い。下駄を出したとたんに地図帳をさっと開く。よく鍛えられている。今どき，6年生になっても地図帳を使えない子どもが多いのに，「桐下駄」一つで地図帳を活用し，「喜多方」という地名を見つけるのだ。

「会津若松の猪苗代湖の近くにものっていますよ」

すかさず，「よいところを見つけたね！」とほめる。これが，子どもを育てている秘訣の一つだ。何を，どのようにほめるか，これが子どもを育てることができるかどうかの分かれ目になる。

③ 喜多方市の地図を提示

子どもたちは，半分も提示しないうちに，「喜多方だ！」という。そうだろう，地図帳で見つけているのだから，すぐに分かる。

川井先生は,「下駄職人の写真」を提示しながら,「この人は,横山清衛さんといいます。こういうもの（下駄のようなもの）を何というか知ってますか？」と問う。
　子どもたちは,「名産品？」「工芸品？」などという。いろいろ予想しているうちに,「ぼくは,伝統工芸品というと思います」と,はっきりと,自信に満ちた態度でいう子どもがいた。
　すかさず,川井先生は,「伝統って何？」と問いかえす。
　とたんに,子どもたちは辞書を引き始める。そのすばやいこと。地図帳だけではない。国語辞典も使いなれている。一度や二度の指導では,こんなにすばやく引けるようにはならない。
　子どもたちは,辞書を見ながら,「古くから伝わるしきたりとか……」「昔からやられてきたことを,自覚と誇りをもって受け継ぐことです」などと,きっちり答える。学習技能が身についている。
　川井先生は,「そう,今日はね,福島県の伝統工芸品『会津桐下駄』について学習します。今,伝統工芸品ということばが出ましたけど,伝統工芸品とは,どのようなものをいうのか？」と,今日の学習問題をはっきりさせた。問題の成立である。

(4) 伝統工芸品の定義のポイント

　伝統工芸品の定義のポイントを,「作り方が昔から受け継がれていること,生活の中でも使われていること」などと端的にまとめて話す。
　川井先生は子どもたちの表情をすばやく読みとって,「Mさん,下駄は嫌いなの？」という。よく子どもを見ている。「下駄って,前があいてるじゃないですか。だから,こけそうでいやです」とMさん。

1 社会科の授業モデル ● 37

「なるほど。では，他に下駄の嫌いな人いますか？」と，他にもいるのではないかと思い，川井先生が問いかける。
　「『カラン　コロン』と変な音がするでしょ，ぼくはあれがいやです」というと，「でも，わたしは，あの音が好きです」と反対意見をいう子どももいる。「ぼくも，『カラン　コロン』という音が楽しみです」というと，「それが，下駄の特徴なんだよ」と，まとめる子どもが出てくる。
　考え方が実に多様である。しかも，互いに，違う考えを認め合っているところがすばらしい。
　子どもたちの様子をみてとった川井先生は，早く子どもに下駄をはかせてみなければ，と思ったようだ。

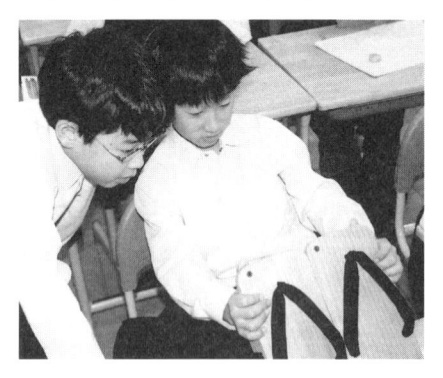

　「では，さっそく，実際にはいてみて，今の意見を確かめてみましょう」
　実によいタイミングだ。子どもから「早くはかせろ！」と要求が出ていることを読みとっている。
　各班に二種類の下駄を配布した。赤いシールをはったものと，緑のシールをはったものであった。この二種類には，値段と質に違いがある。しかし，配布したとき，わたしには値段と質の違いは全くわからなかった。
　子どもたちも，どんな違いがあるのかと真剣に見ていた。

(5) はき心地を確かめる子どもたち

　その後，子どもたちは下駄をはいてみる。
　「歩きにくいですか？」と川井先生が問うと，「ぼくは，このはきづらさがはきやすいと思います。さっき，Mさんはあいてる部分が大きく倒れそうで歩きにくいといってたけれども，前があいてるから歩けるんだと思います」という。「でも，踏まれそうで痛そうです」「歩き方がミイラみたい？　カチコチになるよ」「あのね，下駄の音は，心をいやすと思う」「この音を聞くと，元気に

なって楽しくなってくる」などと，すごい考えが出てきた。

　下駄の音で心がいやされるという考えには驚いた。あらためて，すごい子どもたちだと思った。

　「二種類の下駄を渡したんだけど，違いはわかったかな？」と川井先生。子どもたちは「はっ！」としたように，下駄を見直す。

　「裏の部分が違うから，何か違いがあるはずです」「特選と書いてあるのはよい下駄だと思います。りんごにも，善し悪しを決める基準があったし……」と，前に学習した「りんご」のことが生きている。（Ⅰ章1-4参照）

　「りんごには『秀』とか『特秀』とかありましたね」と，川井先生が応じる。

　すると，「下駄の違いは，材料を示しているの？」「作った人の印（家紋）ではないの？」などと予想する。

　川井先生は，「どちらも桐下駄に間違いありません。それに，同じ人が作ったものです。でも，実は，値段が違うのです。どちらが高いと思いますか？」と。

　この発言で，子どもに新しい動きが出てくる。

(6) 再び下駄の観察を始める

　「みんなは，どんなところを見ていますか？」と，観察の視点を確認する。これが子どもに見る目を育てることになる。

　「わたしたちは，たたいたときの音です。音が高い方が，値段が高いと思うからです」「わたしたちは，さわったときの『ツルツルさ』です」「わた

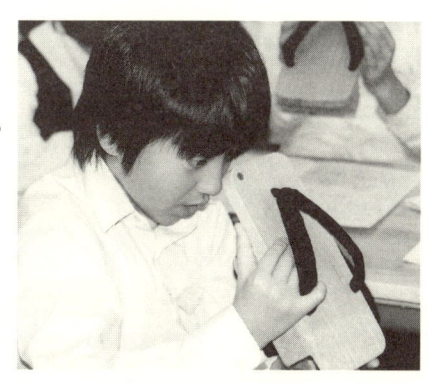

鋭い目つきに注目

1　社会科の授業モデル ● 39

したちは，形です。角が丸いか四角ばっているかです」

なかなかおもしろい見方だ。わたしも見せてもらったが，わたしと全く違う見方でおもしろいと思った。

川井先生は，子どもたちの視点を整理しながら板書していく。子どもたちは，視点を意識しながら鑑定を続ける。熱の入れ方がすごい。

(7) 子どもたちの鑑定結果

> 一班，釘のようなものがなく，きれいに合わせて作っているので，大変そうだから赤印の方が値段が高い。
> 二班，緑は，茶色っぽくて，赤は色がきれいだ。それではきやすいので赤が高い。
> 七班，わたしたちは反対で，緑の方が高いと思う。ぼくたちは，鼻緒の柔らかさで決めました。緑の方が柔らかかったです。

川井先生は，音のよさ，肌ざわり，色のよさ，材料の品質，などについて鑑定結果を挙手させ，ブロックを用いて棒グラフ化しながら板書していく。

重さに着目した班からはこんな意見が出た。

> 一班，わたしたちは，重さも調べてみました。赤の方が軽くて，軽い方がよい下駄だと考えました。
> 四班，赤の方が軽かったです。この方がジャンプしたり，動きやすいと思います。

これに対して，「ぼくたちは，緑の方が軽く感じたので，それぞれの感覚が違うから，これは判断基準にはならないと思う」と，判断した基準そのものに反対意見を出す。

「ぼくたちは『歯の高さ』が赤の方が高かったので，やはり赤の方が高価だと思う」と，新しい基準を提示する。

まだまだ発表していたが，時間がきそうなのか，「では，発表します」と教師がいう。教室はシーンとなった。

「緑 8000 円　赤 3000 円」と板書する。

さあ，判定をくつがえされた子どもたちが，教師にくいつく。

「理由は？」「理由がいえるの？」と，口々に叫ぶ。だいぶ興奮している。川井先生のいうことにもくいつくところがすごい。

「その理由をこれから考えていきましょう（「にげだよ」などと子どもがいっている）。今日の下駄調べで，不思議に思ったことや，もっと調べてみたいことなどを，ノートにまとめましょう」と川井先生がいう。

川井先生は机間巡視する。そのとき，核心にふれる視点を発見した子どもを見つけ指名。「赤の方は，年輪の向きが合っていないから，接着剤でつけたものだと思う。でも，緑の方は，年輪がずっとつながっているから，高いのかな？　と思います」と発言した。

ここで川井先生は，2万5000円の下駄を紹介し，さらに高い下駄があることを示し，次時への意欲づけを行う。この下駄の値段にはわたしも驚き，目を見はった。

> **わたしの一言**
>
> 　会津桐下駄が地域の特産品であること，全国にも有名であることをたんねんに掘りおこして，体験を通して追究させていった。
>
> 　この授業でも，子どももわたしもひっくり返された。だからこそ，子どもたちは必死で追究するようになるのである。
>
> 　わかっていることを「教え，わからせ，理解させる」授業とは，まったく別のものである。わかっていることを「わからなくさせ」，それから追究の芽を育てているのである。
>
> 　下駄のようなものもよい教材になる。羽釜のようなものもよい教材になる。洗たく板のようなものもよい教材になる。そんなことを教えてくれる授業である。まさに，「教材は身近にある」ということを証明した授業であった。

すぐれた授業のモデル例⑧

給食のメニューから食料自給率を考える授業
―― スムーズに流れた吉野元也先生の授業 ――

(1) 給食のメニューから日本の自給率を考える

「今日の給食は何だった？」という問いかけから、吉野元也先生（東京都目黒区立油面小学校）の授業が始まる。5年生の社会科の授業である。

子どもが、「あれだ」「これだ」という。すると、吉野先生は「本当かどうか、本物を持ってこよう」といって、その日の給食を教室へ持ってくる。

「どんな食材からできているかな？」と問う。子どもたちは、次々と食材をいう。このあたりの集中ぶりはすばらしい。「物をみることの強さ」を物語っている。

「この中で、日本でどのくらい作っているか。全部なら100％」といいながら下の表を提示する。子どもたちは、資料を使ってパーセンテージを調べてノートに書き込む。

「では、小麦の自給率からたずねてみましょう。自給率（％）に合わせて、給食を減らしていきます」

今日の献立

・魚フライ ……………	アジ（	50）％
	小麦（	14）％
・サラダ ……………	野菜（	82）％
	豚肉（	53）％
・ごはん ……………	米 （	95）％
・みそ汁 ……………	大豆（	4）％
・牛　乳 ……………	牛乳（	69）％

※数字はあとで入れた

子どもたちは活発に発言する。確実に調べている。「アジは50％だから半分くらい」「野菜は100％中82％残すのだからこのくらいかな」などといいながら，表の％をうめて給食を減らしていった。

国産食材と輸入食材の価格比較表

品　目	国産（円）	輸入（円）
米（1kg）	447	306
アジの開き（1枚）	79	58
小麦（1kg）	145	21
豚バラ肉（1kg）	667	553
にんじん（1kg）	230	130
大豆（1kg）	338	39

「日本は，あまり作ってないなあ」という子どもの声に合わせて，吉野先生は，「日本で作っているものだけだと，給食はこうなっちゃうよ」といって，自給率に合わせて給食を減らしていく。それを見て，子どもたちは，「うわ。ショボイ！」の声。

「輸入が多いのはなぜだろう？」

「外国の方が安いから」「外国で残った物を持ってくるから，安く持ってこられる」との声。

そこで「外国と値段を比べてみよう！」といって，模造紙の資料を提示する（上の表）。

米は447円→306円，アジは79円→58円，小麦は？「うわぁ，安い！」「大豆は10分の1だ！」

子どもたちは，「値段では比べものにならない！」と驚く。

「ここまでの学習をまとめてみると，ここにどんな言葉が入るかな？」

日本の食料自給率が低いのは　□からだ

・外国にある食べ物が少ないからだ
・日本であまり作っていないからだ
・外国の方が安いからだ
・日本の方が高いからだ

「今日の給食は，国産の食材は何％くらいかな？　いくらくらいで食べられるかな？」と問う。子どもは，500円とか400円とか，いろいろあてずっぽうにいう。

「実は，260円なんだって」

(2) 給食で国産食材を使っているのはなぜか

「日本の食材で作ると,これより増えるか,減るか,変わらないか?」

増える…0人　減る…少し

変わらない…多い

「では,栄養士のSさんに聞いてみましょう」

「今日のアジは,国産のものを使いました。予想と比べてどうですか?」と,S栄養士。

子どもたちは,「思ったより多い」ことに驚いている。

ここで,「給食で国産食材を使っているのはなぜだろう?」という学級問題を設定させた。

・国産の方が安全だから(本に書いてあったから)

・農薬をあまり使っていないから(これも本で読んだ)

・外国から運ぶとき,いたまないように農薬をたくさん使う

・遠い外国から運ぶので,新鮮さがない

・日本のものの方がおいしい。値段が高くても,量が少なくてもいいから,愛情たっぷりで,農薬が少なめだから

・国産のものはすぐ手に入る。外国のは遅くなる

・日本人の味覚に合っている

・日本人は手で作っているけれども,外国は機械でやるから愛情がない

身をのり出して見ている子どもたち

などなど,よい意見が次々と出てきた。子どもたちの意見はまだ出ていたが,吉野先生は,時間の関係もあって次へ進めてしまった。

「いろいろいってるけれども,外国は能率がよいって勉強したよね。でも,愛情というのはどうか

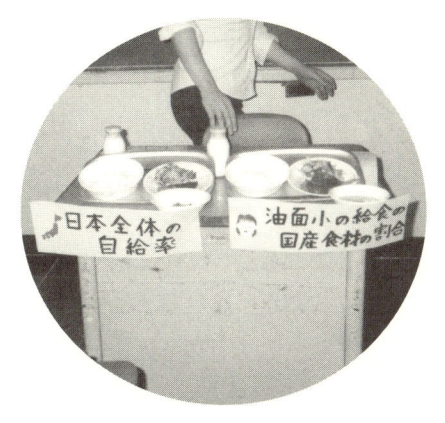

食料の自給率（単位%）

品目	自給率	品目	自給率
米	95	牛肉	39
小麦	14	豚肉	53
いも類	83	卵	67
大豆	4	牛乳、乳製品	69
野菜	82		
くだもの	44	魚や貝	50

平成15年食料自給率概算　農林水産省調べ

な。おもしろい考えだね」

　油面小の国産食料の給食を提示すると，のびあがって見ている（前ページ下の写真）。子どもの意欲的な取り組みが，ここからも見える。

「あしたは，給食で国産食材を使っている理由について，資料を使って調べてみましょう。来週の火曜日に，調べたことを発表し合って，Sさんに答えを聞いてみましょうね」

(3) まとめ

　下の板書を見てもわかるように，多くの意見が出た。書きすぎて，よく見えないほどであった。こんな板書のしかたはよくない。

　しかし，子どもたちの調べる力，ノートする力，考える力，いずれもすばらしいものであった。ただし，あまりにもスムーズすぎて，教師に子どもが抵抗したりするところがまったくなかったのは，ちょっともの足りなかった。わたしは，こだわりのある授業が好きだ。それができたら100点の授業といえよう。

（4） 指導案にみられる吉野先生の考え

① 小単元について

　日本の食料生産はいくつかの課題を抱えている。具体的には，労働力の確保，低い食料自給率，食品の安全性，環境負荷の高い生産方法などである。

　子どもたちはすでに，前の小単元で日本の稲作や水産業の現状について学習している。そこでは，農業や水産業には問題点もあり，それに携わる人たちが解決しようと努力していることも学んだ。しかし，東京に住む子どもたちにとって，日本の食料生産における課題が，自分たちの食生活とどのようにかかわっているのかについては，具体的に把握できていない。

　日本は食料自給率の低い国の一つである。供給熱量自給率は，平成15年度においては40％に過ぎない。政府は平成22年度の食料自給率の目標を45％に定め，自給率を高めようとしている。

　食料自給率が下がっている主な原因は，輸入食料との競争にある。なかでも価格の安さは，食料輸入が増える大きな要因である。また，冷凍・冷蔵技術の発達，輸送手段の発達により鮮度品質が向上し，生鮮品の分野まで輸入食料が進出してきている。

　食料を輸入に頼るのは，食料の安定確保という視点で考えると危険である。また，農薬・遺伝子操作など食品の安全性でも，国産品とは基準が異なり注意が必要である。さらに国内の農地放棄による環境の荒廃や，輸出国の環境破壊も問題になってきている。

　本単元は，給食の食材の自給率調べをすることによって，自分たちの食生活を振り返り，日本の食料生産の課題について自分たちの事として考えていけるのではないかと思い計画を立てた。日本の食料生産は生産者だけの問題ではなく，消費者である自分たちも考えていかなければならない問題であるということに気づかせていくために最適のものである。

② 「社会事象の意味を考える」という研究主題に迫るための手立て

◎子どもの学習意欲が高まり，考えたくなる教材，学習活動の工夫

　給食のメニューを通して，自分たちの食生活と日本の食料生産のかかわりに

ついて目を向けさせる。

　学校栄養士によると，給食の食材は価格の安さも重要であるが，それ以上に食品の安全性に配慮して購入しているそうである。ここに教材化のポイントがあると考えた。

　子どもたちは給食が安い費用で作られていることを知っている。また，日本は食料自給率の低い国であることを知っている子どももいる。

　実物を使えることも，大きな魅力である。自給率を資料で読みとらせ，それを実物で表現して見せることは，子どもに学習への興味をもたせる効果があるのと同時に，食料自給率の低さを量としてとらえさせることができる。

　食料自給率が低い理由は何かという問いがそこで生まれるはずである。それについて資料で調べるという学習活動を設定し，確かな事実認識に結びつけていきたい。

　そして，実際の給食の食材はどうなっているのか調べる活動を設定する。ゲストティーチャーとして栄養士を招き，給食における国産食材の割合を語ってもらう。安くなければならない給食で，高い国産食材を使うのはなぜかという問いがそこで生まれ，輸入食材を使うことに何か問題があるのかもしれないと考えるようになると考える。

> **わたしの一言**
>
> 　吉野先生の授業は，実に多くの内容をとどこおりなく，きちんと流し，しかも，子どもに考えさせたり，ノートさせたりするという，実にスマートなものであった。子どももよく鍛えられていた。このため，ユニークな考えが出てきておもしろかった。
>
> 　しかし，子どもが「素直すぎる？」のか，教師のいうとおりにスーといくという感じであった。そのため子どもに少しは抵抗してもらいたい，教師に食いさがってもらいたいと思った。しかし，これはおそらく欲というものだろう。

2 生活科・総合的学習の授業モデル

すぐれた授業のモデル例⑨

大根の種はどこにあるのか？
――高松豪先生のみごとな生活科の授業――

(1) 生活科も教材によってはおもしろい

　生活科で「これはおもしろい！」という授業を見つけるのは大変むずかしい。なぜなら，「みんなわかった気分」になって，マンネリ化しているからである。

　マンネリ化していなくても，新しい教材を開発して，子どもに「へえ！」といわせるような授業をする教師が少ないから，なかなか目に留まらない。

　おもしろい教材を開発しておもしろい授業をしている教師もいるとは思うけれども，わたしの参観する範囲ではなかなか見つからない。

　そうしたなか，1年生が熱中している生活科の授業に出会って，胸のすくような思いをした。高松豪先生はまだ，6年目の教師であるが，学年の先生方の指導や協力を得てみごとに追究する授業を展開していた。

(2) 種から見えるもの

　わたしが見たのは，単元が始まって22時間目であった。これまでに，朝顔の種調べから始まり，なすの収穫をしたりしたところ，子どもたちが種に興味を持ち始めた。子どもの生活科ノートを見ると，実に多くのものの種調べをして，その絵を描いていた。

　きっかけは，1本の朝顔に400近くの種があったことに驚いたことで，その後，なすには何個くらい種があるのか，きゅうりはどうか，かぼちゃはどうか

と，次々と調べるようになった。

　このあたりの教師の指導もうまい。ほめてほめて，次々と調べるようにしむけている。はじめは野菜の種調べだったものが，次第に広がり，果物の種調べへと発展したという。

　単元名は「種から見えるもの」ということになった。実によいネーミングではないか。種からどんなものが1年生の子どもに見えるのだろうか。小さな穴から世界をのぞくような感じである。

(3) みごとな授業の展開
① 野菜や果物には必ず種がある
　高松先生は意図的に，種のあるものから学習を始めている。

　先に書いた野菜には，みな種があり，よく見える。そのうち果物を調べ始める。梨，柿，りんご，桃，ぶどう，みかん，きんかん，キウイフルーツなど，みな種があり，よく見える。

　高松先生は，イチジクや栗，バナナのようなものも出したかったらしいが，あとのことを考えて，ここでは種のあるもののみをじっくり追究し，絵を描かせている。

　これらを「秋の宝物」として遊びながら追究している。実にゆっくりゆっくりと，心ゆくまで調べさせ，食べさせ，描かせている。

　これまでの追究で，子どもたちは，野菜や果物には「必ず種がある」と考えるようになっている。そういうものしか扱っていないからである。これは高松先生の意図的なはからいである。

② 大根はどこに種があるか？
　「今まで調べた野菜や果物には，種がありましたか？」という問いで本時は始まった。「あった，あった」「大きいのや小さいのもあった」「りんごや梨は，種の中に種があったよ」「えっ？　種の中に種があった？」と高松先生の驚きの声。

　しばらく，これまでの学習について話し合った後，突然，大根を提示して，

大根の種はどこに入っているのかな？

と問いかける。

子どもたちはこれまでの経験をふまえて，「上の方」「まん中」「全体にバラバラにある」「ひょっとして葉っぱにあるかもしれない」などと答える。

「大根の種は，種まきのときに見たよね」と，経験したことを思い出させる。この日のために大根を作ったのであった。まさに深慮遠謀である。若い教師とは思えないほど計画的である。

③　大根の種の予想を描く

次ページの子どものノートは，実にユニークな絵ばかりである。これまでの学習が生きている。

高松先生は，子どもたちの予想図を見てまわり，右のような絵を板書した。

そして，「①から⑤のどこに種がありそうか？」と，しぼり込もうとしたが，意見はまとまらなかった。

④　どうやって確かめたらよいか

意見がまとまらないので，「どうやって確かめたらよいか？」という発問をした。

「切ってみればわかるよ」と，いとも簡単にいう。

「切らなくても，まわりにあるかもしれない」という子どももいる。

子どもが，「大根を早くくれ！」というので，とうとうグループごとに大きな大根を1本ずつ配った。そして，包丁の使い方の指導をした後，包丁を配った。

これから後の子どものすごいこと。わたしは目を丸くして見ていた。何しろ，いろいろな切り方をするのである。輪切りにする，たてに切る，ななめに切る，小さく切りきざむ，うすく皮をむいてみる，葉を切ってみる（それもたてやよ

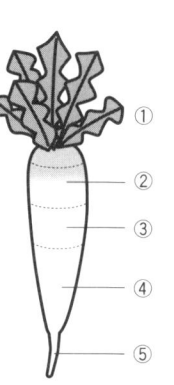

子どものノート

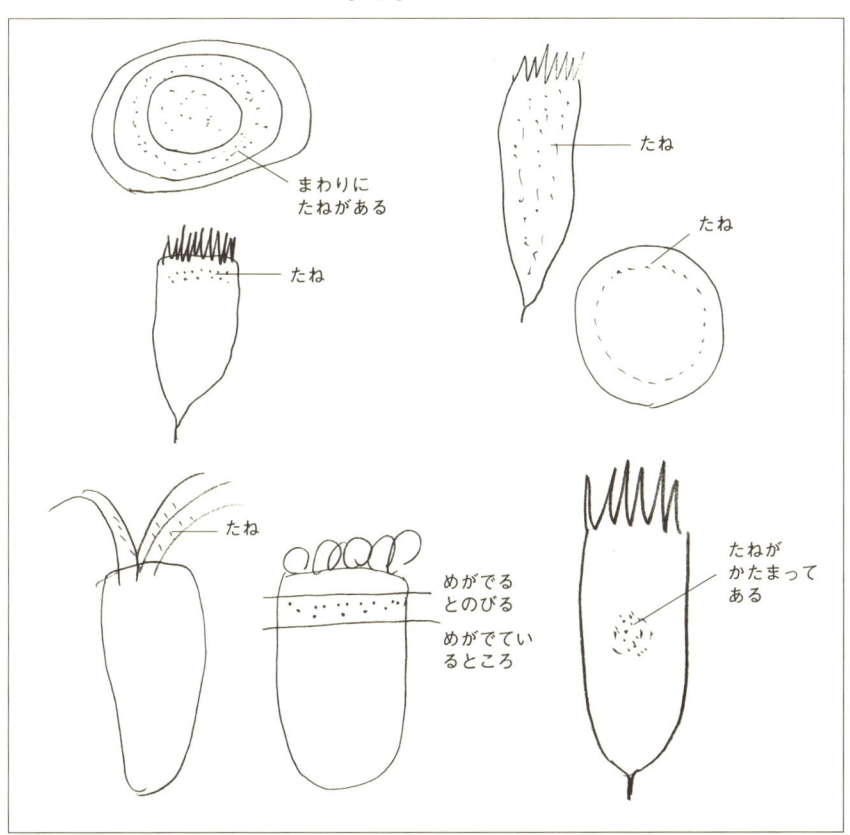

- まわりにたねがある
- たね
- たね
- たね
- たね
- めがでるとのびる
- めがでているところ
- たねがかたまってある

こに切ってみる) などなど，ここに書ききれないほど自由自在に切ってみるので，驚いてしまった。ふだんの指導がしのばれる。

切りながら，「どこにあるんだよー」といっている。

すごい子どもは，切ったらすぐにノートに絵を描いている。そし

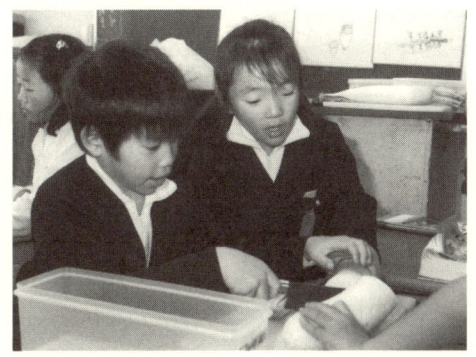

て,「きったはんいには,たねはない」と書いている。

隣近所のグループと比べてみている子どももいる。勉強のしかたを知っている。比べる大切さを知っている。

高松先生が,絵を描いている子どもを見つけてほめた。すると,みんな描き始めた。このあたりの指導もぬかりないなあと感心した。

⑤ 大根を持ち帰ってよいか!

ついに種は見つからなかった。一人の子どもが「絶対にどこかにある。見つけてやる」と意気込む。

すると,「先生,この大根持って帰っていいですか?」といい出す。「いいよ」というと,さっそくビニール袋を先生からもらって,切りきざんだ大根を大事そうに中に入れた。きれいに後かたづけもできた。

さて,どうやって大根の種を見つけさせるのだろうか。春まで待つのか? 楽しみだ。

・・・・（ わたしの一言 ）・・・・・・・・・・・・・・・・・・・・・・

こんな計画的な授業を行えば,必ず「追究の鬼」は育つ。2年計画の実践である。大根の種がどこにあるのか,2年生にならなければわからない。ねばりづよい追究である。

種のあるものばかり扱って,「すべて種がある」と思わせておいて,大根の学習に入っている。みごとな「しかけ」である。生活科の授業に足りないのは,こういう計画性である。先を見通した計画がない。それに,教材がおもしろくないから,子どもが自主的に追究するということが少ない。この意味で,高松先生の計画と授業は参考になる。

すぐれた授業のモデル例⑩

イチジクを1年間かけて追究した授業
——角谷和彦先生のねばり強い実践例——

(1) イチジクが視野に入る

　愛知県のイチジクが，わたしの視野に入ったのは，1998年8月9日の中日新聞によってである。新聞によると，愛知県は日本一のイチジク生産県で，それも西三河地方（碧南市・安城市）が中心だとある。イチジク栽培農家は約310戸で，年間約1,500トンを出荷しているというのである。
　おもしろいと思ったのは，1959年の伊勢湾台風でイチジクの木が倒れて壊滅的打撃を受けたことがきっかけで，現在の主流である一文字法やX法といった栽培法が考え出されたということである。
　さっそく，現地へ取材に出かけた。刈谷市立刈谷南中学校の深谷圭助先生が案内してくれた。このとき，イチジク畑と選果場を見学し，農家の人の話を聞き，「これはおもしろい教材になる」と直感し，資料を集めて『教材開発』誌（明治図書）に連載した。
　しかし，実際の授業で試していないところが弱かった。ちょうど出会った碧南市立新川小学校の角谷和彦先生にこの話をしたところ，1年間にわたって取材し写真を毎月撮っては送ってくれた。わたしは，2，3回取材に行っただけだが，角谷

みごとな「一文字法」のイチジク畑の風景がわたしをとりこにした

先生は1年間取材している。キャリアが違う。完全にイチジクが角谷先生の手の中に入っている。

こう思われたころ，角谷先生が5年担任となり，さっそく授業にイチジクを取り上げたというので見に行った。

(2) みごとな導入

X法によるイチジク栽培（冬の様子）

夏から秋にかけての果物であるイチジクの実を4月に提示された子どもたちはびっくり仰天した。これは温室か沖縄県など暖かい所で作られたものだろうと予想した。

漢字では「無花果」と書く。すかさず国語辞典を引く。その速いこと。鍛えられている。「辞典には，果実の中に花があると書いてある」ということで実物を割ってみる。どこにも花はない。おしべもめしべも，がくもない。

漢字と実物と辞典で，子どもから早くも「はてな？」を引き出した。ここで，イチジク畑の写真（冬の様子）を提示し，「これは何かな？」と追いうちをかける。まるで，おばけみたいなX法による栽培の写真である。

イチジクということはわかったが，どこにどのようにして実がつくのか皆目見当がつかない。

「はてな？」だらけになって，子どもたちは本気になって追究し始めた。まことに心にくいばかりのうまい導入であった。

(3) 子どもの追究

① 畑に緑の棒がたくさん立っている？

子どもたちは家の近くのイチジク畑へ調べに出かけた。ちょうど新芽の出る時期であったが，緑の棒がたくさん立っていることにまず驚く。「棒は何のためにあるか？」と考える。すぐに尋ねないで，予想をするところがすごい。そ

うしないとおもしろくないというのだ。

　鳥よけ（カラス・スズメよけ）ではないかという結論を出す。

　調べた結果，ホヤという実をつける枝（結果枝）をくくりつけるための棒だということがわかる。

　ホヤをまっすぐ立てて，葉と葉がこすれたり，葉が実にキズをつけたりしないようにするのである。

ホヤのそばに棒を立てているところ

② **イチジク畑は工場だ！**

　主な枝は，高さ30cmくらいの所を真横に5〜6mも伸びている。これに対して40cm間隔でホヤが垂直に伸びている。ホヤの高さは1m24cmという。仕事をしやすいように，これ以上伸びないよう上を止めるという。

　子どもたちは計算する。イチジクは5cm間隔で実る。1本のホヤを1mとして計算すると，「100÷5＝20個」となり，1本のホヤから20個の実がとれる。

　しかも，イチジクのすごいところは，りんごやみかんなどと違って「一葉一果」である。このことを発見して歓声をあげる。

　めやすとして，1反に100本を植え，1本の木には約20本のホヤを立てるから，「20×20×100＝40,000個」となり，1反の畑から4万個のイチジクが収穫できる計算になる。「1パック4個入りで，○○円」と生産額まで計算し，角谷先生をびっくりさせたという。

　わたしが驚いたのは，子どもたちが畑や農家に調べに行くとき，必ずメモ帳と

イチジクは「一葉一果」である

メジャーやものさしを持っていったということである。イチジクの畑はまるで工場のように正確に作られているので，計測せずにはおれなかったのであろう。まさに「追究の鬼」の姿がここに見える。

　葉と葉（つまり，実と実）の間は，5〜7cmほどで，実にキズがつかない間隔になっていることにも感動したというから，数量的な追究も実にうまいといえる。

　自動車工場（5年で学習する）と比べてみた子どももいるというから驚くべき子どもたちだ。

　わたしが見た子どもたちは，角谷先生と対等にやりあい，なかなか納得せず，何ともねばり強く，角谷先生の方が「たじたじ」という場面もたびたびあった。1年間追究してきた角谷先生でさえ，40人の子どもが本気で追究すれば，かなわないところも出てくるものだ。よい場面を見た。

　③　どこへ売っているか？

　碧南市のイチジクは，いったいどこへ売られているかというところへ追究が進んだ。できすぎれば安くなる。できなければもうからない。

　実がついてから90日で熟すが，エスレルというホルモン剤を使うことで，出荷を早めることもできる——まさに工場生産と同じではないか。

　ハウス栽培の場合は，水の量でも出荷の調整ができる。調整は値段との関係で決まる。

　出荷先は関東地方が多く，次が北陸というのがおもしろい。大阪は和歌山のものが出回るためらしい。

　農家の人は，もうけるために，どこへ，どのくらい出すか研究しているのだ。この意味では商人でもある。この能力がなければやっていけない。「算数は生活のもとだ」と子どもながらに考える。

　④　どうやって新鮮さを保つか？

　イチジクは非常に傷みやすい。送っているうちに傷んだのでは意味がない。

　愛知のイチジクが日本一になった理由の一つは，出荷・輸送方法がすぐれていることである。子どもたちはこのことを見つけ出した。予冷庫で3時間，そ

の後出荷まで保冷庫で保管し，保冷車で各地に運ぶ。

　新鮮さを保つのに大切なのは冷やすことだけではない。高速道路を使って，目的地まで一目散に運ぶことである。

⑤　健康にもよいイチジク

　イチジクは美容と健康によいということも調べ出した。ビタミン類やカルシウム，鉄分などを多く含んでいるからという。

　整腸にも効果があり便秘にもよくきくというので，農協ではこの点も宣伝しているという。

⑥　農家の後継者は大丈夫か？

　農家は，後継者がなかなかいなくて困っている。イチジク農家も例外ではないようだ。しかし，JA西三河の青年部の活動で，少し明るい兆しがあるようだ。これを知った子どもたちもホッとしたようだ。

　なお，子どもたちは，学校にあったイチジクを利用して，農家のまねごともしてみたという。どこまでも追究的な子どもたちだ。

> **わたしの一言**
>
> 　角谷先生ほど計画的に教材開発をし，しかも時間をかけて行う教師を知らない。イチジクについても丸1年写真を撮り続け，調べ続けてから実践している。この写真の一部は，わたしもいただいた。
>
> 　文の中にあるように，次々と自然に発展するように教材を開発し，追究させている。「追究の鬼」たちも何人も育っていた。角谷先生も自身が「追究の鬼」であることはまちがいない。
>
> 　何よりもすばらしいことは，常に謙虚であることだ。うぬぼれてないことである。この反対の人を多く見ているからよくわかる。まだまだ伸びる教師だ。

すぐれた授業のモデル例⑪

「間口を狭く奥行きを深く」
——教材「寺町」を開発した杉浦真由子先生——

(1) よい授業に出会うのは至難の業

　平成14年中に，719学級の授業を参観した。あるときは1時間じっくり，あるときは駆け足で1時間に20学級も見ることもあった。

　これだけ見ても，印象に残り，記憶に残る授業は数えるほどしかない。身を乗り出して見る，足が止まって次のクラスへ進めない，といった授業にはなかなか出会えない。

　たった1題の簡単な計算問題を1時間の間に解決できない授業をいくつも見て，指導技術がものすごく低下していると思った。

　中学校の社会科で，正答を出したらものを食べさせるのを見て，あきれてものがいえなかった。「専門性はどこへいった？」といいたい。

　学力低下が問題になっているが，この最大の原因は教師の指導技術の低下ではないかと考えられる。

　こういう現状の中，ときには「これはすごい！」という授業に出会うことができ，うれしくなることもあった。自分が飛び込み授業をして，すごい手ごたえを感じたクラスもあった。小学5年生なのに，中学1年くらいの実力のある子どもが何人もいるクラスに出会ったとき，「日本も捨てたもんじゃないぞ！」といった気分になった。「よい授業」というのは，教科には関係ない。

(2) 絶品！ 杉浦真由子先生の授業

　愛知県碧南市の杉浦真由子先生の授業は，忘れようとしても忘れられない授業である。杉浦先生は新川小学校から大浜小学校へ転勤になり，いきなり6年生の担任になった。

　子どもを見ると学習技能はほとんど育っていない。まともなやり方では学習

技能は育たないと考えた。

　杉浦先生は，大浜校区を徹底的に歩き回り，地域に寺が23も集まってあることを発見した。調べてみると実に深いわけがある。これなら「間口を狭く奥行き深く」の教材にできそうだ，と考えた。

　地域教材をどのようにして開発すべきかは，前任校の新川小できっちり学んできている。おもしろいことから，ゆっくりと時間をかけて本格的なことへ追究を進めるように考えた。

① 散歩に行こうよ！

　暖かくて晴天の日，さり気なく子どもたちを散歩に連れ出す。子どもたちは，「先生，話せる！」と大喜び。春らんまんの候である。気分もよいはずである。おまけに，「散歩だからメモなんてしなくていいよ」と，いかにも「遊び」らしくやるので，子どもは完全に遊び気分である。

　このあたりの子どもの乗せ方は，ベテランだな，うまいなあ，子どもの心理をよくつかんでいるなあ，と思う。

② 何か気づいたことは？

　1時間ちょっと時間をかけて，何のかんのとおしゃべりしながら，寺の集まっている所をさり気なく散歩する。距離にしてわずか1kmである。この道をゆっくりゆっくり景色を見ながら歩いたのである。勉強らしいことはいっさい口にしないで，ただひたすら散歩に徹した。

　教師というのは，先を急ぐ癖があるから，すぐに「ねらい」を口走ってしまう。これをじっとがまんしているところがすごい。

　教室に帰り，一息入れてから，「散歩おもしろかった？　何か気がついたことがあったかな？」と，ゆっくり切り込む。

　「あれがあった，これがあった」というなかに，一致したことが一つだけあった。それは「寺が多くあった」ということである。

　「先生は全く気づかなかったけれども，そういわれてみると寺が多かったような気がするよね。あなたたち，大したものね。よく寺なんかに気がついたわね」とほめる。

子どもたちは、まんざらでもないという顔で、にこにこしている。にこにこしながらも、「散歩しながらでも何かを見つけることの大切さ」に気づき始めている。

つまり、「見る」ということの大切さである。見るということは、「行為＋見る」という形になっていることに気づくのである。

「気をつけて＋見る」「数えて＋見る」というように、何らかの目的をもって見ることの大切さに、ちょっぴり気づき始めている。

③　寺はいくつあったの？

「ところで、寺はたくさんあったというけれども、いったいいくつくらいあったの？」とそろそろ本格的な問いを始める。

大浜の寺（称名寺）にある徳川家のしるしを調べている子どもたち

「数えるの忘れた。今日調べてくるよ！」と子どもたち。「無理しないことね」と杉浦先生は逆のことをいう。こういわれると動き出すのが子どもである。帰りに歩き回って数を調べる。

それだけではない。道の向こう側とこちら側に分かれて手分けして調べることに気づいた。しかも、「メモの必要性」にも気づいたのである。すぐ忘れるので、何度も調べ直さなくてはならないからである。

「先生、23もあったよ！」と翌朝報告する。「えっ？　23もあったの？　本当かな？」とゆさぶる。子どもたちはメモを見せながら間違いないという。

先生はメモを見て、「さすが6年生。ちゃんとメモしてるのね。すごい」とオーバーにほめる。子どもたちは大喜び。

④　寺はどこにあったの？

「よく調べたね。手分けして調べたなんて、並の子にはできないことね」と、ほめてほめてほめまくる。乗せ方がうまい。

「もう1つ聞きたいけど、その23の寺はどこにあったの？」と問う。子ども

たちは,「しまった！ それを調べるのに気づかなかった。今日調べよう！」ということになり, またまた同じ道を歩きながら, どこに何という寺があるか, 今度は地図をかくのである。

　記録, それも数だけでなく,「位置」も大切なことに気づくのである。つまり,「地図の必要性に気づく」のである。

　子どもの調査した地図を見て, 杉浦先生はどんどん成長していく子どもににんまり。子どもに力がないのは, 鍛えられていないからである。ちょっと示唆すれば, これだけ調べるではないか。しかも, メモのしかたにしても, どんどんグレードアップしている。

　力が十分ついていない子どもには, 杉浦方式がとてもよいと思う。ゆっくりゆっくり, ほめながら気づかせていく。

　子どもたちの調べた寺の位置を, 教師のかいた大きな地図に記号で記入していく。道路に沿って23寺がひしめいていることが一目でわかる。

⑤　距離はどのくらい？

「寺が集まっていることはわかったけど, このはしからはしまで, どのくらいの距離があるの？」

「しまった！ そのことに気づかなかった！ もう一度調べよう」ということになり, なんと「歩測」で調べ, 約1kmということをつきとめる。子どもから「しまった！」という声が出るあたり, 完全に夢中になっていることがわかる。

⑥　どうして寺が集まっているのか？

　わずか1kmの距離の中に23もの寺が集まっている。これには何かわけがありそうだ, と予想する。

　はじめに出た予想は,「死人の多い町」ということだった。ここだけ死人が多いと

徳川家康に関係あるお寺の一つ, 清浄院で, 家康との関係を説明している子ども

いうのはおかしいということで，住職などにたずねてまわることになった。

市役所，図書館，古老などにもたずねる。

その結果,「徳川家康の恩返し」という思いもかけないことが出てくる。

このことがわかり，身近な寺調べから，日本の歴史が見えてきた。

> 【家康の恩返し】
> 　1582年，本能寺の変が起こった。このとき，家康はわずかの家来だけで堺へ遊びに行っていた。明智光秀はすぐに家康を殺すべく刺客を堺へさしむけた。
> 　家康はこのことを知り，伊賀の忍者の手引きで山を越え，海を越えて碧南の大浜にやっとのことでたどりついた。家康は寺へ食料と宿をたのんだ。貧しかった寺は村へ食料を集めるようにたのみ，家康へ麦ばかりの食事を与えた。そして，岡崎城へ送り届けた。
> 　家康はたいそう恩に感じて，後に寺を一か所に集めて保護した。このため23もの寺が一か所に集まっている。

⑦　岡崎の町も寺が多いか？

子どもたちは，碧南市の大浜に寺が集まっているわけがわかり，感動した。「わが町に歴史がある」と。

それでは，家康の本拠地の岡崎にも寺が多いかと子どもの追究は進む。

家族に車で連れていってもらったり，市役所に電話したりして調べる。その結果，岡崎城の西は矢作川，南は乙川という大きな川で守られ，東と北に寺が309もあることがわかり,「碧南と同じだ」「家康は寺を大事にする人だ」「いや，寺を利用して城を守っているのだ」といったことが見えてきたのである。

このころの子どもは，調べることに自信をもつようになっていたという。

⑧　江戸の町にも寺が多いか？

岡崎から江戸へ国替えになった家康は，江戸の町にも寺をたくさんつくっただろうか。と，ついに江戸まで調査の手をのばした。

江戸城の南は海，東は上野を中心に，北は文京区・新宿区も寺ばかり，西は港区・品川区も寺々と，城のまわりを寺でかため，その数は1683にのぼる。家康を堺から手引きした伊賀の忍者は，江戸城を守るために江戸にまねかれた。その名は「半蔵門」として今も残っている。

①から順に展開すれば，材料を変えても追試が可能である。すばらしい授業が展開できる。

よい授業というのは，追試が可能である。だから，「よいものは広まる。広まらないものは存在しない」のである。

••••┌ わたしの一言 ┐••••

　総合的学習の典型的な教材「寺町」の開発は，小学6年の社会科学習とドッキングして追究しているところがすごい。今，このことがすすめられている。教科と総合のドッキングである。これを早くからやっていたのである。総合からいつの間にか歴史学習になり，いつの間にか総合にもどっている。このスケールの大きさは「並の教師」ではない。プロ中のプロ教師といえる。

　杉浦先生の別の授業があるが，校庭に砂を集めて塩をつくり，「塩の道」を求めて足助まで子どもと出かける。足助から長野へはいけなかったらしいが，塩の動きは足助でわかったという。海水は自動車運搬船が太平洋のまん中からもち帰ったものを保護者が入手してくれたという。

　保護者を味方にしてしまう教師である。

　追究も地元から始まった産業で，今も続くものである。これも教材化した。教材を見る目が確かだ。

3 授業モデル（番外編）

　教育誌『Educo』（教育出版）の連載で，田中力先生がわたしの授業を紹介してくださった。ちょっと面はゆいが，せっかく書いてくださったので提示させていただく。

すぐれた授業（？）のモデル例

追究の鬼を育てる授業の秘密
――名人の授業　有田和正先生――

（文：田中力 國學院大学短期大学部准教授）

（1）子どもをゆさぶる「ポストの授業」

　私が筑波大学附属小学校に赴任した1984年から，有田和正氏が附属小学校を去られた1992年の4月までの9年間，同じ学校に勤務し有田氏の授業に接する機会を得た。

　その当時，有田氏が編集長を務める「授業のネタ　教材開発」誌（明治図書）のグラビアを担当していたこともあって，有田氏の教室にお邪魔することが多くなった。それは，私にとってまたとない勉強の機会となった。ファインダーを覗きながら，授業について多くのことを学んだ。教室に伺って授業を見る度に新しい発見があった。

　有田氏が附属小学校を去られる間際に撮影したのは2年生のポストの授業だった。有田氏がショックを受け，自分の授業を見つめ直すきっかけになったのは，奈良女子大学附属小学校の長岡文雄氏によるポストの授業であったという。有田氏にとって長岡氏のポストの授業は永遠のモデルになっているというが，筑波大学附属小学校での最後の授業がポストの授業になったということに不思

議な巡り合わせを感じる。

授業が始まった。

大きな画用紙を提示する。不完全な葉書である。

「この葉書を出そうと思うんだけど，いいかな？」

有田氏が問いかける。

「『おじいさん』だけではダメ！」
「切手がない！」「郵便番号もない！」
「そんな大きいのじゃダメ！」

ポストの授業
ケント紙のポストから生まれた「はてな？」が，子どもの追究を促す

子どもたちから次々に声があがる。

「どんな手紙なの？　裏も見せて」

有田氏は，裏を返して子どもたちに見せる。白紙である。

「何も書いてないじゃない」

「あぶり出しの手紙なんだ」

すかさず，有田氏が切り返す。そのタイミングが絶妙である。大きなケント紙を取り出す。

「これでポストができますか？」

有田氏が問いかける。

「ふたがない」「底もない」「手紙を入れる穴もない」

子どもたちは，次々にポストの不備を指摘していく。

「穴のところに『東京』『その他』と書いてある」

このあたりから，子どもは迷い始める。『東京』なのか『東京都』なのか？『その他』なのか『その他の地域』なのか？　右と左のどちらに書いてあるのか？　穴の上と下のどちらに書いてあるのか？　文字はどんな色だったか？

ここでは結論は出ない。

「郵便のマークが書いてある」

と発言した子どもが，〒のマークを黒板に書く。正しいマークである。有田

氏はすかさずゆさぶりをかける。
「郵便マークは，いろいろあるんだよ」
さまざまなマークを黒板に書いていく。
「これが沖縄県，これが北海道。青森県に行ったら，こんなのがありますよ。雪の多いところだと，こんなに下の棒が長い。見てきたんです。全部本当です」
「そうだよ。そういうマークもあるんだよ」
といい出す子どもも出てくる。
有田氏はさらにゆさぶりをかける。
「ポストの色も赤だけじゃない。いろいろな色があるんだ」
「ポストに書いてある時刻はどこでも同じだよ」
そして，最後に投げかける。
「このポストを学校の前に置きたいと思うんだけど……？」
「ダメ，ダメ！」「紙じゃダメ！」
子どもは，自分がポストをいかにしっかり見ていなかったかに気づき，教室から飛び出していくことになる。

(2) 有田氏の授業から学ぶこと

① 子どもとの「対応の技術」

有田氏の授業を参観するたびに舌を巻く（有田式に言うならば「7回半」）のは，子どもとのやりとりのすばらしさである。

ポストの授業展開にもそれはよく表れている。

とぼける，おかしなことをいう，もの分かりが悪い，切り返す，ゆさぶる，視点の転換を図る，ほめる……。これらをユーモアたっぷりに，そしてときには鋭く子どもたちに投げかけていく。こうした働きかけによって子どもたちは，簡単には納得しない粘り強い追究力と，ちょっとのことではへこたれない強い意思を身につけていくことになる。

こうした「対応の技術」はその場の思いつきやムードでできるものではない。しっかりとした授業計画があり，ねらいを具体的に把握しているからこそ，子どものどのような反応にも柔軟に対応していくことができるのである。

② 学び方・学習技能の体得

有田氏の授業では，1枚の資料をもとに展開されるものが多い。「日本鋼管（現・JFEスチール）」の授業もそうである。黒板に貼られた1枚の製鉄所の地図をもとに，「日本鋼管が扇島へ移ったのはなぜか」が追究されていく。

有田氏は，授業における指導とは，見えないものを見えるようにすることであり，その追究の過程で学び方や学習技能を体得させていくことであるという。

日本鋼管の授業
1枚の資料から，子どもの多様な調べ学習が展開される

見えないものを見えるようにするために，子どもたちの学習のしかたには目覚ましいものがある。考える，話し合う，資料（教科書，資料集，辞書，自分が持ってきた資料など）を調べる，ノートを書く。これらの活動が同時進行で進んでいくことによって，子どもたちは鍛えられていく。

参観者を驚かす有田学級の子どもたちは，日々のこうした密度の濃い授業の中で鍛えられ育てられていくのである。

③ 基盤は学級経営にあり

温かな雰囲気の授業でありたいと思う。しかしそれは，奇をてらった教材を使ったり，無理に笑いを強要したりするところからは生まれてこない。真剣な取り組みの中から生まれてくる自然な笑いこそが本物であろう。

有田氏の授業ではしばしば笑いが起こる。それは子どもたちの真剣な論争の中からたくまずして生まれてくるものである。発言する子の顔には常にほほえみがある。それは，論争の激しさとともに，どんな考えでも温かく許容していくことが可能な学級集団という土壌の上につくられていくものであろう。

それを支えているのは教師の温かさである。時には辛らつな言葉を返しながらも，子どもの考えを真正面から受け止めている有田氏の姿勢が，授業に笑いをもたらしていることを感じる。

基盤は，学級経営にあるのだ。

④ 教材開発とネタ

　有田氏は，授業づくりの修業を重ねるうちに，教材がおもしろければ子どもは追究するということに気づき，教材開発に力を入れるようになったという。開発した教材を子どもに提示し，子どもが熱中したものを「ネタ」というようにしたという。教材開発には，追究する子どもを育てたいという有田氏の願いが込められている。

　「一寸法師」「便器の数から水道の学習」「さとうきびは沖縄の気象庁か」「十二単で平安時代の学習」「長篠の戦い」「大名行列」などなど，小学校教師としての34年間におよそ800の「ネタ」開発を行ったという。子どもが熱中して取り組む「ネタ」が800というのはすごい。個性的で魅力的な膨大な数の開発された「ネタ」は，他の追随を許さない。

　小学校教師の職を離れた現在も，精力的に「ネタ開発」を続けておられるのには敬服するのみである。

　有田氏にとって教材開発はライフワークであるというが，最大の楽しみでもあるようである。

・・・・・・・・・・（　わたしの一言　）・・・・・・・・・・

　こういう形で自分の例をあげるつもりは全くなかったが，田中力先生がわざわざ「Educo」11号に書いてくれたので出すことにした。ちょっと面はゆい授業モデルである。

　わたしの授業や実践について最も詳しいのは，田中先生であることは間違いない。先生も書いているように9年間同じ学校に勤務し，その間，雑誌の写真を先生に担当してもらっていた関係で，よくわたしの授業を写しにきた。それだけによい面も，悪い面も知りつくしているはずである。写真もわたし自身より田中先生の方がたくさん持っている。

　授業のうまい田中先生であっただけに，わたしは恐い思いをしながら授業を見てもらっていた。互いに，授業のあり方を知りつくしている感じである。

Ⅱ章

授業モデルから見える「すぐれた授業のポイント」

> ポイント1

授業づくりの順序を変えている
──「内容→方法→目標」

　Ⅰ章で取り上げた授業モデルをよく見ると，授業がうまい教師は授業づくりの順序が普通の教師と違うことが見えてくる。

　ほとんどの教師は，教材研究をした後，「目標→内容→方法」という順序で指導案を考えている。わかりやすくいえば，まず「目標」を書き，「展開」を考えて書く，という順序をとっている。もちろん，「本時案」のところのことである。

　ところが，Ⅰ章で授業モデルとしてあげている11の授業は，まず「展開内容を書く→目標を書く」という順序をとっているように見える。

　なぜなら，「一番やりたいこと，こんな教材をこのように提示すれば子どもは熱中する」ということを念頭に置き，その後で，「その展開にふさわしい目標を書く」というようにやると，子どもにマッチした授業ができるからである。

　ということで，第1のポイントは「内容（方法を含む）・展開→目標」という順に指導案を考えることである。そうすれば，かたい目標にとらわれることはなくなり，おもしろい授業ができるようになる

> ポイント2

教材がすぐれている
──内容が鮮明なよい教材を開発している

　11の授業とも，「教材」がものすごくおもしろい。授業の善し悪しは，教材の善し悪しにつきるといってもよいくらいだ。

　わたしは，かなり昔から，「材料七分に，腕三分」という料理の世界のことばを教育界に提案した。授業の善し悪しは，「教材が七分」をしめるということである。よい魚が入手できれば，おいしい料理はできたも同然ということである。そこに「三分の腕」を生かせば，おいしい料理すなわち「おもしろい授業」ができることは間違いない。

もっとも,「七分の教材」をさがすのも,「三分の腕」の中に入っていることだ。

　つまり,教材をさがすのも「腕」というか,「技」が必要だということである。

　わたしは,「教材開発」をライフワークだと考え,今も新しい教材開発に力を入れているので,他人の授業や論文をみると,「教材」がことさら目につく。

　モデル授業の「教材開発」のしかたをじっくり見てほしい。

ポイント3　資料の収集・作成・提示のしかたを工夫している

　教材をそのまま授業に持ち込むことは少ない。多くの授業,特に,すぐれた授業は,おもしろい情報を集め,それをユニークな資料にまとめている。田中先生や臼井先生の資料は,単純・明解で,実に効果的である。

　臼井先生の二軒の弁当屋という「資料=教材」は,先生の考えが鮮明である。この二軒に,目標・内容を含み込ませている。田中先生の東京湾と鹿児島湾は,調べて調べて調べあげたあげく,二つの湾の深さ・形をあらわした地図にまとめあげている。わたしは,この地図を見ただけでいくつもの「はてな?」がパッ!とうかんだ。そして,「すごい資料だ」と思った。田中先生の考えている「内容」が,地図に見えたからである。

　こういう目で,他のモデル授業の資料を見ていただきたい。

　森田先生の「1個のランプさがし」は,その情熱に敬服する。年賀状300枚も配布してランプをさがす(情報を入手する)なんて,「すごい」といわざるをえない。

　川井先生のりんごとその袋,2種類の下駄の比較,柳沼先生の「ビール1杯30万」,山下先生の1枚の鉄道路線地図,吉野先生の給食のメニュー,高松先生の大根,角谷先生のイチジク,杉浦先生の寺町——いずれも身近にあって,誰でも気づきそうなものなのに,実は「身近ほど見えにくい」ということに気づく。

しかし,「身近なことから,広い世界が見える」ものが,「資料＝教材」としてよいのである。

ポイント4　発問・指示が鮮明で,わかりやすい

　すぐれた授業の記録をとるのは,よい「発問・指示」をさがすため,といってもよいくらいである。記録をとってみると,よい「発問・指示」には,子どもがよく反応し,多様なおもしろい考えを出している。

　わたしは,モデル授業を書くとき,本当にすぐれた発問・指示だけにしぼり込んで書いた。スペースが限られていたこともあったが,このくらいしぼり込んだ方が,よいものがわかりやすい。

　大事なことは,「発問・指示」はまねることができるということである。追試が可能なのである。そのように書いたつもりである。「追試できないものは価値が低い」からである。前にあげた「授業モデル」は,いずれも追試しやすい。しかし,いずれの授業も教材の奥が深いもので,ある程度教材研究をしないと追試はできない。

　さらに,教師の技術として「発問・指示」が,よく見えることである。声なのに「見える」のである。腕の善し悪しは,「発問・指示」を中心とした「対応の技術」できまるといってよい。

　「対応の技術」は,教師の腕の総合したもので,授業の善し悪しがこれできまるのである。それほど大切なものなのである。

　モデル授業には,この「対応の技術」の善し悪しがよく「見える」。みんなみごとな対応の技術をもっている。みていてほれぼれした。特に田中先生の「教えること」と「問うこと」のけじめのつけ方がすごいと思った。川井先生の子どもの見とりのうまさが光っている。限界だと思うと次の問いを出すのである。その時機が絶妙である。

　胸がわくわくする授業というのは,この「発問・指示」と「対応の技術」のうまさが光る授業である。タレントでは,明石家さんまが「対応の技術」の第

一人者だと思って，いつも見て感心し，学んでいる。

ポイント5　授業づくりの具体としての「板書」のしかたがすぐれている

　板書には，ねらい，内容，方法，子どもと教師の学力といったものが，はっきりした形であらわれる。だから，わたしは若い教師，いや，若くなくてもやる気のある教師の授業改善策として「板書に力を入れよ」といっている。
　モデル授業は，紙幅の関係で板書はあまり出していないが，いずれもすぐれたものであった。山下先生の板書は，子どもが書けるスピードでゆったり書いて，文字もきれいであった。高松先生の板書は，1年生らしく絵をたくさん入れたわかりやすいものであった。角谷先生は，構造的な板書がうまい。大きく書いたり，小さく書いたり，色チョークを使ったり，線を入れたり。これが自然にできているところがすごい。板書といえば，福島大学附属小学校の二人（川井先生，柳沼先生）は本当にうまい。みるみる腕をあげた。
　研究授業や公開授業をするとき，最後は「板書を書いてみる」ことをおすすめしたい。できれば，先輩や同僚に見てもらうことだ。「これで，何を，どうしようとしているかわかりますか？」と。
　愛知県碧南市のある学校では，指導案の中や教室の入口に，必ず「板書計画」をおいているところがある。これをやり出してから急速に指導がよくなった。板書にはこんな効果があるのである。
　板書の文字や内容には，教師の人間性というか，人格のようなものも表れる。なげやりな書き方をする人は，そのような人柄であるし，きちんとして丁寧な書き方をする人はそういう人柄である。つまり，教師の「教育観」が具体化したものが板書なのである。このことを忘れないでほしい。
　そして，板書のうまい人の話をきいたり，書き方を見せてもらったりすることだ。
　わたしは，黒板のみぞのチョークの使い残りを見て，板書の上手・下手が見

えるようになった。これは，チョークの使い方の基礎・基本を知っているからであり，上手な字を書く人はどんなチョークの使い方をしているか知っているからである。

ポイント６　「話し合いのしかた」がすぐれている

　モデル授業をするような教師は，「話し合いのしかた」もうまい。子どもが話し合いのノウハウを身につけている。話し合いには，三つの条件がある。
①　話題が鮮明である──何について話し合っているかがよくわかる。
②　子どもたちの話題についてズレがある──このズレをうめて，新しい考えを創り出す作業が話し合いのポイントである。ズレがなければ話し合う必要がない。ズレをうめながら，AでもBでもない新しいCという考えを創り出すのが話し合いである。話し合いは弁証法なのである。
③　共通基盤がある──教室にいっしょにいる限り，共通基盤はあるはずでこれがなければ，話し合いは成立しない。しかし，ときにはこれがないクラスがあるので驚く。つまり，それは「学級」といえるものではないのである。

　「授業がうまい」ということは，「話し合いがうまい」といいかえてもよいくらいである。

ポイント７　教師の話術・表情・パフォーマンスがすぐれている

　すぐれた教師というのは，いつも笑顔である。表情がやわらかい。子どもたちを包み込むような雰囲気をもっている。それに，ときどき，ここぞというときにおもしろいパフォーマンスを行う。これで，子どもがわく。
　教師というのは，「話すこと」が商売なのに，話し方の下手な人が多い。
　すべての先生を掲載できなかったがモデル授業の教師たちの「表情」を写真からよく見ていただきたい。皆楽しそうに，笑顔で，何らかのパフォーマンス

をやっている。それに話し方がうまい。これで，子どもを引きつけている。
　こうなると，子どもも教師のまねをして，笑顔になるし，パフォーマンスも行うし，話もうまくなる。不思議だと思うくらい教師に似てくる。森田先生や山下先生は，あまり笑顔を見せていないように見えるが，肝心なところでニッコリする。これがステキである。常に笑顔なのは柳沼先生や杉浦先生だろう。いや，田中先生かな，ということで，結局Ⅰ章にあげた先生は皆笑顔なのだと気づく。

ポイント8　子どもも教師も明るくおもしろい

　教師が明るくおもしろければ，子どもも自然にそうなる。教室に入るとき，「あたたかい」感じがするときがある。これは，たいてい教師が明るく，おもしろく，しかもあたたかい人柄のときである。田中先生のおもしろさは，長年つきあってよく知っている。これは人間性だろう。柳沼先生の明るさも印象的だ。
　教室に一歩足を踏み入れるだけでわかるのである。
　授業のモデルとしてあげた教室は，いずれもあたたかく，明るく，おもしろい教師と子どもたちであった。どんなに暗い子どもでも，このクラスに入れば，1か月もすればネアカになるだろうと思われるクラスばかりだった。これは小学1年から6年まで同じであった。

ポイント9　子どもと教師の「間合い」がピッタリいっている

　近ごろ，教師と子どもの間がうまくいっていない例が多い。どちらに原因があるかといえば，それは教師である。教師は「子どもに合わせ」なくてはならないのだ。プロとして，サービス業として，そうしなければならない。合わせながら，ゆっくり教師のペースにもっていくことだ。急がないことが大事だ。
　急いでよいクラスをつくろうとして，「オレについてこい！」式にやると，

ヒビが入りやすい。今の子どもには，この方式はむかない。後ろからついていくくらいの考えで，子どもに合わせながら，水のみ場へゆっくりつれていくことだ。杉浦先生が，初めてのクラス，それも力がないことがわかると散歩から始めて，ゆっくりゆっくり自分のペースにもっていっているのは参考になる。

多くの教師は，急いで失敗している。モデル授業にとりあげたクラスは，いずれも，子どもと教師の間がピッタリで，どちらもおおらかに対応していて，気が安まる。見ていて気持ちがいい。わずか2か月の担任で子どもの間合いがぴったりだった田中先生の授業は人柄と腕のなせる技であろう。

こうでなくては，よい授業はできない。「技術」だけでは，よい授業にできないのである。

ポイント10 教師に「やさしさ」と「きびしさ」がある

今の教師は，やたらとやさしいか，甘いか，あるいは，やたらときびしいか，のどちらかである。きびしい教師が圧倒的に少ない。行儀が悪くても，注意さえできない。

これに比べて，モデル授業の教師たちは，基本的に「やさしい」のである。やさしさが，随所ににじみでている。しかし，ときには，子どもの度がすぎた行いやことばづかいには，きびしく注意している。そのことに，子どもたちは納得している。

吉野先生の指導はスマートであったが，やさしさときびしさが随所に見えた。子どもたちがついていくのは，やさしくおもしろいからで，授業がスーっと流れるように見えるが，その裏には学級経営のうまさが見えた。子どもが教師に心服していた。この点は，他の授業モデルのクラスも同じである。子どもが教師を心から信頼していた。この裏には「きびしさ」もあるはずである。

この「やさしさ」と，ときに「きびしさ」がうまくミックスして，子どもの人柄が成長していく。甘えすぎない子ども，自立した子どもが育っていく。このことをモデル授業から学んだ。

多くの教師に望みたいことは、どんなとき「きびしく」あたるべきか考えてほしいということである。「きびしさ」に欠けている。だから、せっかくの「やさしさ」が生きないのである。

ポイント11　授業全体にゆとり（ユーモア）がある

　授業は、ゆったりとやりたい。新幹線のような授業はよくない。鈍行列車で、じっくりと力をつけ、子どもの人格をみがきながら行うことが大切なことを、モデル授業で学んだ。

　平成18年10月、愛知県刈谷市の学校で授業をしたとき、「有田先生の授業はゆっくりしている。それなのに、しっかりと力をつけている。どうしたらこのようになるのか」といわれた。

　わたしは、「時間がきたら終わる。できるところまで、子どもが理解できるところまででよい」と常に考えて授業している。だから、急ぐことはない。ユーモアをまじえ、子どもの意欲を高めながら、「遊びのような気持ち」で授業を行っている。しかし、「これだけは」ということはしっかりおさえている。でなければ、授業した意味がない。

　モデル授業の教師たちは、皆底ぬけに明るい。おもしろい。話していても楽しい。教師の人格がにじみ出てくる。ユーモアを解している。特に田中先生、臼井先生、柳沼先生、川井先生、杉浦先生、角谷先生……こう書いてくると全員、明るい。底抜けに明るい。そして、人柄がよい。

　今、日本の教育界全体は「ゆとり」をなくし、学力低下にカリカリしている。これでは力はつかない。ゆとり（これはユーモアともいえる）をもって、子どもの理解のスピードに合わせて「これだけは」という基礎基本を教えることである。

ポイント12 「授業は布石の連続」になっている

　このことばを教育界で初めて使ったのはどなたなのかわからないが，広めたのはわたしであろう。論文に早くから書いてきたし，講演でも使ってきた。
　モデル授業を見ていると，このことばがうかんできた。どの授業も，今していることが，次の授業の布石になっている。つまり，自然に発展するように授業がしくまれているのである。この典型が見えるのが杉浦先生の授業であるし，川井先生の授業である。そして，高松先生の授業である。1年生にこれだけの追究力をつけたのは布石なしにはできないことである。
　いや，自然に「布石の連続」になるように，授業を進める「技術」が身についている。
　見ていて「うまいな」と思う。何しろ，子どもたちがまったく気づかないうちに，きちんと前のことを生かしながら，「今」のことをやっているのである。
　教科書は，「布石の連続」になるように論理的に組み立てられている。特に算数や理科の教科書はそうである。しかし，社会科だって，国語だって，発展するように組み立てられているのである。
　しかし，「授業はスイカである」といっているように，小単元くらいの一番おいしいところから導入することだ。非日常的なところが，子どもにうけるのである。日常的には論理的にやっておき，ときにそれを破るところに「おもしろさ」が出るのである。田中先生の授業や森田先生の授業はこれにあたる。臼井先生の授業もそうであろう。

ポイント13 「思考の作戦基地」としてのノートの使い方がすぐれている

　どのクラスも，モデル授業になるようなクラスは，ノートを大切に扱っている。まず，ノートに書かせてから発言させるなど，発言する場合にもノートを生かしている。

わたしは,「ノートは思考の作戦基地である」と,随分前に発表した。このことばは,よく使われるようになったが,実際に「思考の作戦基地」にしている教師は多くはない。筑波大学附属小学校などは,体育や音楽でもちゃんとノートを使っている。福島大学附属小学校もノートをよく使っている。

　わたしが参観する多くの学級は,ワークシートを使って教師からワクをはめられたり,ノートを持っていない子どもさえいる。これでは力をつけることはできない。

　ノートするということは,体を通すことであり,体験することである。だからこそ,理解がよくなり,学力もつくのだ。わたしは,「ノート」を大切にしない教師を信用しないことにしている。1時間の3分の1くらいは,ノートする時間がよい。話し合いではそれほど力はつかないが,ノートは話し合いより力がつくことを承知してほしいものだ。

　高松先生のクラスは1年生なのに,どんどんノートに書いていくのに驚いた。図や絵をどんどん使って,自由自在にノートを使っていた。

ポイント14　学習スキル（学習技能）を鍛えている

　授業モデルのクラスは,学習技能（18の技能を提案している）を鍛えようとしていることがよくわかる。子どもに「はてな？発見力」をつけようと,資料提示して「はてな？」を引き出すようにつとめているし,出てきた「はてな？」を,なんとか「調べる」ように導いている。

　調べ方は多種多様である。わたしは13種類提案しているが,このうちいくつかの方法を実際のクラスで発見する。内容は忘れても,学習技能は体で覚えているので残る,このことが大切である。体験させて,体得させなくては,学習技能として使えるものにはならない。

　18の技能については本書P.125でふれている。詳細は,これに関するわたしの著書を見ていただきたい。

　最も大切なことは,子どもたちに「学習技能を鍛える」ということを意識さ

せないことである。子どもたちが楽しみながら，辞典や事典，地図帳などを使って調べるようにすることである。そして，調べたことは必ずノートするようにしつけることである。

　川井先生の子どもが，下駄をはいてみては「一言」，観察しては「一言」，話し合っては「一言」ノートに書いているのが印象的であった。

　学習技能は，基礎学力である。だから，応用がきくのである。応用がきかないものは，基礎学力とはいえない。

Ⅲ章 すぐれた授業の創り方アイデア

1 授業力をアップする方法

(1) 教師はみんな授業力を高めたがっている

　学力低下は，明らかに「授業力，指導力の低下」が原因である。平成17年度，約900学級の授業を参観して，「これでは学力が低下しない方がおかしい」と思われる授業が，かなりあった。どうしてこんなに授業力，指導力が落ちたのだろうか。

　その原因追究よりも，ここでは，「どうしたら授業力をアップできるか」と，積極的な方向で考えていきたい。

　なぜなら，原因調べをしても何のプラスにもならないし，授業もうまくならないからである。

　多くの教師たちは，「子どもがわくわくするようなおもしろい授業をしたい」と考えている。

　そのことは，研究会などに行ってみるとよくわかる。しかし，アップする方法，内容がわからないのである。

(2) 基礎学力とは何か

　すぐれた授業を創るには，基礎学力を身につけるように指導しなければならない。

　わたしたちが今までやってきた授業を振りかえってみよう。

　新約聖書『マタイ伝』の中に，「タラントのたとえ」という話がある。タラントというのはお金の単位である。今でも，中近東では，このお金の単位が使われている。

【タラントのたとえ】　「マタイ伝25章」によると，ある商人が旅に出ることになった。3人の番頭をよんでお金を預けることにした。番頭のAはなかなか優秀なので5タラント預ける。番頭のBはまあまあなので2タラント預ける。番頭のCは実力が乏しくてちょっと危険なので1タラント預ける。そして数年たって商人が帰ってきた。Aは10タラントに倍増した。Bも4タラントに倍増した。問題のCは，1タラントのままである。

　「何も増えていないとはどういうことか」と主人は怒る。すると，Cは，「主人は大変

> 厳しい人なので，なくすと困ると思って土の中に埋めておきました。それで利子が付きませんでした」といった。
> それをきいた主人は，Cには「商人としての才覚がない」とリストラしてしまう。

 さて，こういう話を書いたのはなぜかというと，わたしたちが今までやってきた教育というのは，Cのような子どもを育てる教育ではなかったかと思うからである。

> 教えられたことを教えられたとおりに覚えていたら「優秀児」とされてきた。

 つまり，今までの教育方法ではだめだということをはっきりと認識しなければならない。
 しかし，現場は遅れている。
 発想を変えなければいけない。
 これからの教育は，AやBのように「倍増する力」をつけなければいけない。あるいは「更新する力」。
 これを別の言葉でいえば，

> ①応用がきく

ということ。応用がきく力こそ，基礎学力である。

 ある教師がかけ算九九を教えていた。
「今日は二の段を覚えた子から返します」
 一人目ができた。ところが二人目がこない。そこへ先ほどの子どもがカバンを取りに戻ってきた。それでもう一度その子にやらせたところ，今度はしどろもどろであった。それが子どもなのだ。
「なんだ覚えていないじゃないの」と，先生は「もう一度やり直しなさい」といって残した。
 その子どもはショックを受け，結局，最後になったそうである。
 子どもというのは，三歩歩けば忘れるのである。これができたら帰しますと

いえば覚えるけれども，三歩歩けば忘れてしまう。これが子どもなのだ。このことから，

> ②（基礎学力は）身につきにくい

といえる。

だからプロ野球の選手は，毎年キャンプをやって，試合が始まる前には必ず2～3時間練習する。学校の先生方は授業が始まる前に2～3時間練習しますか。駆け込みで滑り込んでやるでしょう。子どもだって，繰り返し練習させなければ，定着しない。

身につきにくい，壊れやすいからこそ，プロ野球選手は繰り返し練習する。倍増する力をつけるには，繰り返し練習するしかない。練習によって，

> ③次第に個性的になっていく

「基礎学力は皆同じではないか」と考えるかもしれないが，そうではない。個性的になっていく。

個性豊かな野球選手は，基礎学力のある選手なのである。大リーグの松井秀喜選手やイチロー選手のバットスイングはちょっと真似できない。力がつくと個性的になってくる。教師も，個性的な教師（おもしろい授業をする）は基礎学力がついている教師といってよい。

基礎学力をつけるには，何が大事か。教材である。
教材を選定する力は教師の力量である。教材は第一に，
①おもしろいこと。
　おもしろくなくても，おもしろいようにできる教師でなくてはならない。
もう一つは，その中に
②内容・方法がきちんと入っていること。
　教えたことを教えただけ覚えていればよいという時代は終わった。
今までのことをまとめると，次の図のようになる。

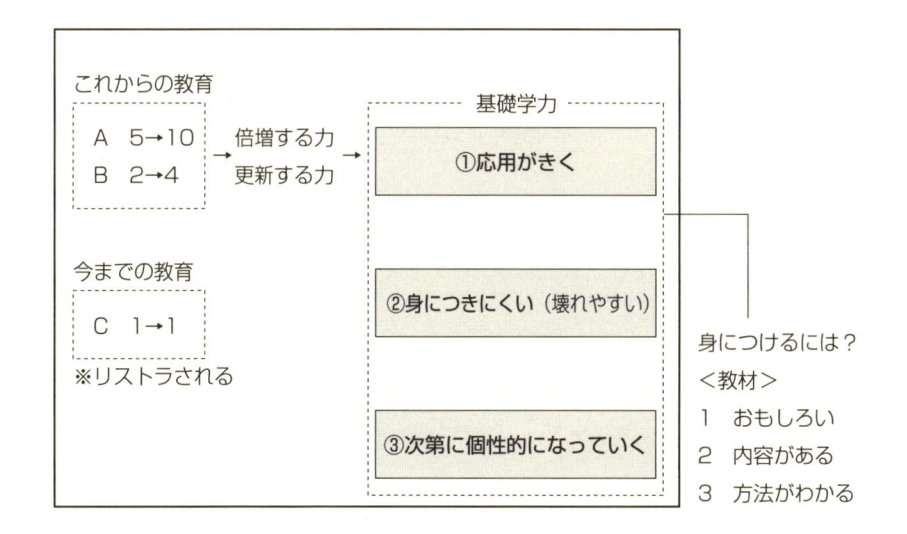

```
これからの教育                      基礎学力
  ┌──────────┐      倍増する力   ┌──────────────┐
  │ A  5→10  │ ─────────→ │ ①応用がきく       │
  │ B  2→4   │      更新する力   └──────────────┘
  └──────────┘
                                                          │
今までの教育                      ┌──────────────┐       │
  ┌──────────┐                  │ ②身につきにくい（壊れやすい）│       │
  │ C  1→1   │                  └──────────────┘       │
  └──────────┘                                          身につけるには？
※リストラされる                    ┌──────────────┐       ＜教材＞
                                   │ ③次第に個性的になっていく │       1 おもしろい
                                   └──────────────┘       2 内容がある
                                                          3 方法がわかる
```

(3) 基礎学力のつく授業とは

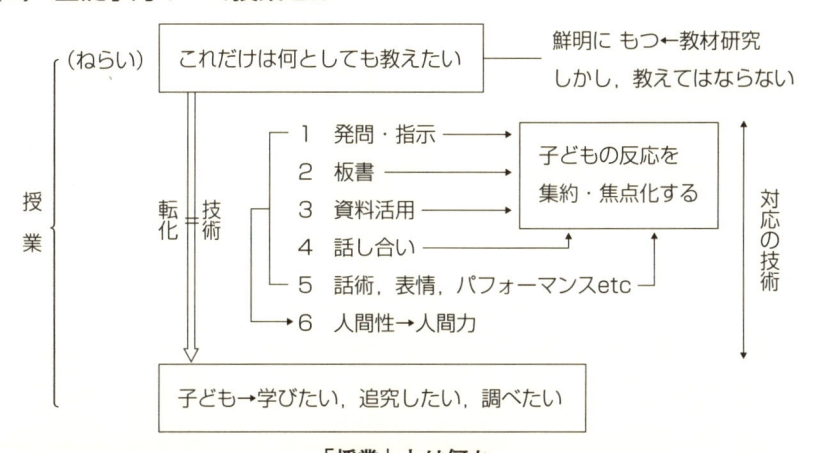

「授業」とは何か
(『有田和正の授業力アップ入門──授業がうまくなる12章』明治図書　24ページ)

　授業というのは「これだけは何としても教えたい」というねらいを鮮明にもつこと。これが第一である。そのためにやることは，教材研究だ。しかし，「教えてはならない」ということである。

> 教師の「教えたい」という内容を，子どもの「学びたい」「調べたい」に転化すること。

これを授業という。
転化するには「技術」が必要である。
教師の技術というのはたくさんあるが，ぎりぎり6つに絞ってみた。

> ① 発問・指示

発問・指示というのは真似することができる。よい発問をすると，子どもが反応する。それを集約焦点化するのが，学習問題となる。

道徳の授業でも同じである。例えば，あいさつということがある。「あいさつ」という言葉はどういう意味があるのでしょうか。辞書を引いてほしい。これだけで授業になる。

「こんにちは」というあいさつがある。しかし，「こんにちは」だけではあいさつとはいえない。「こんにちは」の後に心のこもった言葉がつけ加えられる。

例えば「今日はいい天気ですね」とか。

集約焦点化するためには，必要なことを

> ② 板書

することが大切である。板書しているから，理解できる。「見える」から理解できるのだ。教材研究をするというのは，発問指示が考え出されてくるということだ。発問指示が出てくれば，自然と板書も出てくる。板書は「視覚」を鍛え，教師の話や問いかけは「聴覚」を鍛えることになる。教育は，五感を鍛えることが大切なのである。

> ③ 資料活用

資料の中に「教えたいこと」が入っている。
資料というのは，

1) 情報収集
2) 資料作成
3) 資料提示

という3つの内容を含んでいる。

統計グラフの読み方というのは，

㋐ 題を読む

㋑ 出典，年度を読む。

㋒ 縦軸，横軸を読む。

㋓ 変化を読む。

㋔ 変化の大きいところの理由を考える。

これが基礎基本である。こういうのがノートに書いてあって，教師が，「㋐，㋑，㋒を書きなさい」とやる。こういうことを繰り返しやることによって資料が使えるようになる。

それができるようになったら，さりげなく㋐を抜く。「落とし穴のある資料を作る」これが資料作成のコツである。これに気づく子どもを育てるのである。

④ 話し合い

話し合いの技術は，今，最も悪いのではないか。話し合いになっていない。

◇話し合いで一番大事なことは，

① 「話題」は何かと言うこと。

・話題ははっきりしているか。

② ずれはあるか。

・ずれを埋めることが話し合い。

③ 共通基盤があるか。

3つの条件があって初めて話し合いになる。今の子どもたちは，話し合いになっていない。それは教師が悪い。話し合いの指導をしていないからだ。

◇愛知県の一部に「板書は，子どもが発言したことを全部書いて，名前を書く」という風習がある。これでは板書の意味がない。

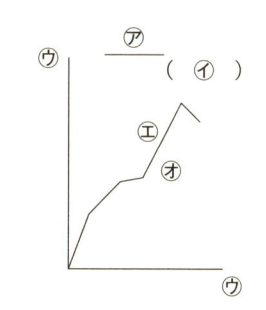

⑤ 話術・表情・パフォーマンス etc

　私も教師であるから，一生懸命勉強する。「明石家さんま」を見本にしている。たいしておもしろくもないのに，寝転がって笑う。あのパフォーマンスでタレントが乗るのだ。そのテレビを見て子どもも乗るのだ。子どもが喜ぶ話術，表情を身につけたいのである。

　ここまでの①〜⑤を「対応の技術」という。そして，少し質が違うが，

⑥ 人間性（人間力）

　①から⑤までの技術が，人間性の中にとけ込んでいる状態になる。そのとき「人間力」になっていく。

> 【中学に転勤した先生の話】　小学校から中学校へ転勤した女の先生。中学3年生相手に，黒板に書いていると後ろからチョークが飛んでくる。振り返った先生は（子どもたちはしかられると思っただろうが），にっこり笑って
> 　「あなたたち，私はスターじゃないのよ」
> と返した。すると生徒は「先生はなせる」と，その先生のことが大好きになった（もっとも，きれいな先生だから）。

　カッカしないでこんなゆとりがほしいものである。

（4）基礎学力をつける授業の具体例

> 【観察力】　昔，糖尿病の検査はおしっこをなめて調べた。あるとき，糖尿病の権威者のところへ研修医たちがやってきた。
> 　「今日は糖尿病の検査方法を教えます。よい医者になるには『鋭い観察力』と『勇気』が必要です。私がやって見せますから，よく見て，勇気を出してやってください」といって，指におしっこをたっぷりつけてすばやくなめた。白い巨塔の頂点がなめたのだから，30人の研修医は死ぬ思いでなめた。「君たち30人は『勇気』という点においては全員合格です。しかし『鋭い観察力』という点においては全員不合格です。なぜなら，私は人差し指をつけて，なめたのは中指でした」

注意していないと，どこまでが本当でどこからが嘘かきわどいものがある。気をつけて見ることだ。

授業の資料は，教材である。「教えたいこと」が，この中にすべて詰め込まれている。そのように資料をつくる。

| 発問 | これは何県の地図ですか？ |

S　新潟県だと思います。
T　どこを見て新潟県だと思いましたか。
S　形が新潟県。佐渡島があるから。

小学4年生に，地図帳を開かせて4月にちゃんと言わせなければいけないことである。

4年生は新しい地図帳をもらうと，うれしいのです。わたしの孫が，地図帳をもらったとき電話をしてきた。

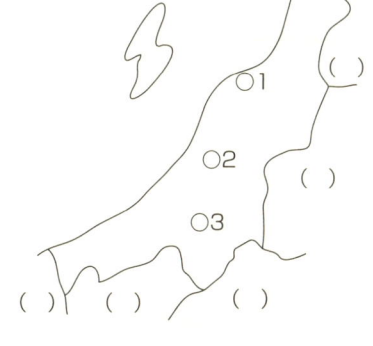

「今日，地図帳をいうものをもらったよ。おもしろいよね。でも，ぼくたちの先生は地図帳を使う雰囲気がない」

今，地図帳を使わなければならないような内容がない。県名などは学習しない。だから，テレビなどを見ていると，県名を知らないタレントが多い。

4年生でもはじめの週に3時間は地図帳を使う授業をやらなければいけない。地図帳は社会科を学習する「道具」だから。

T　新潟の隣は何県でしょう。
S　山形，福島，群馬，長野，富山。

| 発問 | 新潟県というのは何色で書いてありますか？ |

都道府県名は「赤字」で書くと決まっている。4年生の最初におさえなければならないことである。

地図帳のいちばん後ろを開くと世界の国々がでてくる。

| 発問 | アメリカ合衆国は何色で書いてありますか？ |

S 黒色，青色。
T 違います，赤です。独立国は赤で書きます。
　では，非独立国（植民地）は何色でしょう。
S 青色。緑。
T 黒です。非独立国は黒で書くことになっています。
　では，独立国というのはいくつありますか。

国旗の数を数えたりしてもわかるわけはないが，地図帳の最後に2006年現在として書いてある。

T 独立国は現在193あります。
　では，国連加盟国はいくつでしょう。これよりも多いでしょうか，少ないでしょうか。一つ少ないのです。バチカン市国が入っていないから，192です。
T 難しいのは非独立国です。植民地がいくつ残っているでしょう。

これは子どもでは調べられない。植民地の数43を教える。

これは基礎です。これがわかったら，子どもたちは「あっ独立国だ」「おっ，植民地だ」と歓声をあげる。

中学生でも同じことをやる。見に来た先生が「これは中学でやる内容ではないでしょう」という。それはわかっている，4年生でやる内容だから。でも，やってないから手こずった。地図帳が使えない中学生。地図帳が道具になっていない。

地図の見方を鍛える授業
1枚の資料で基礎基本を徹底的に追究させる

T ここに3つの市があります。これは何という市かわかりますか。
S 1は新潟市。
　2は中越地震で大被害を受けた，長岡市。

3は世界で一番雪の多い市です。十日町市。
県庁所在地は赤です。

1. 新潟市	◎	30～100万人 県庁のある市
2. 長岡市	◎	10～30万人
3. 十日町市	⊙	10万人未満
	▢	人口100万人以上

T　世界地図を開きます。アメリカ合衆国の首都はどこですか。

S　ワシントン。

T　ワシントンは何色でしょう。
首都は何色で書いてあるでしょう。

同じです，赤です。首都も赤です，人口の表し方も同じです。

だから，役に立つのです。応用がきくでしょう。

| 発問 | 都道府県名を言いますから，県庁所在地名を言ってください。 |

北海道／札幌

札幌は記号が違う，100万以上。

青森／青森。岩手／盛岡。秋田／秋田。山形／山形。宮城／仙台。
福島／福島。

T　今までのところで「あれっ？」と思ったことはありませんか？
関東地方いきます。

茨城／水戸。栃木／宇都宮。群馬／前橋。

高崎と前橋が競争して前橋が勝った。新幹線停車駅は高崎ですが。

埼玉／さいたま。

ひらがなでしょう。漢字が読めないためじゃないでしょうね，まさか。

神奈川／横浜。千葉／千葉。

T　県名と県庁所在地が同じ県と違う県がある。

17／47だけ県庁所在地が違う。17だけ，覚えさせればよい。

30／47は同じ。

朝敵（明治政府に抵抗した県）は，県名と県庁所在地を一緒にしない——と

いうことを明治政府はさりげなくやった。ただし，埼玉，福島，山形は例外。

18の県（埼玉を含む）は朝敵の県。

・福島は県庁を会津若松に置きたかったが，白虎隊で知られるように最後まで抵抗したので，人口2000人の福島に置いた。
・山形は県庁を米沢に置きたかったが，人口1000人の山形に置いた。
・埼玉は浦和が長らく県都だったが，大宮・与野（現在は岩槻も）と合併し，その際にさいたま市と改称した。

県名は日本地図を1000枚印刷して教室においておき，帰りの会などの時間を使って，地図帳を見て「書いたら帰ってよい」というように，毎日やるとよい。

2週間もあれば県名をだいたい覚える。白地図を持って帰って家でも練習するようになる。こんな子どもをうんとほめる。すると広がる。

1か月で確実に覚える。

おさえるべきことをきちっとおさえて，

> 手足になるものを与える

こと。子どもにはきちっと体験をさせないとだめだ。

子どもは体験しなければわからない。そういう意味で生活科や総合的学習の時間ができたのだ。けれども，まだ十分とはいえない。

(5) もう一度「授業とは何か」考えてみよう

基礎学力をきちんとつけるには，何よりも教科書をきちんと教えることである。ただし，この「教え方」が問題なのである。

わたしは，サプライズのある教え方をするとよいと考えているし，自分もそのような授業を行っている。

「源頼朝は，鎌倉に幕府を開いた」と教えれば，子どもは，「はいそうですか」で終わってしまう。そこで，「源頼朝は，鎌倉に幕府を開いたのだが，その理由は何だろう？」と問題を含んだ問いかけをすることだ。

つまり，「教材研究」が不足しているのである。深く教材研究をすれば，自

然に「発問・指示」が出てくるし,「どんな資料をつくればよいか」ということもわかってくる。

　いうならば,「教材の背景」まで深く追究することである。そうすれば,平氏が貴族のまねをして滅びたので,鎌倉に貴族とは関係のない幕府をつくろうとしたことが見えてくる。

　鎌倉幕府をつくるため,つまり平氏を倒すために活躍した義経をさえ殺さなくてはならなかった頼朝の考えがみえてくる。義経は朝廷方の検非違使になった。これを鎌倉方への謀反ととらえた。これを許せば鎌倉方の中のけじめがつかなくなる。

　頼朝は冷たいといわれるが,そうしなければ鎌倉方の秩序がくずれるし,乱れる。頼朝の苦しさがわかるような気がする。

　こんな「背景」まで(教科書に出ていることの)つかみ,これに,サプライズをおこすパフォーマンスなどを取り入れると,がぜんおもしろくなる。

　わたしの場合,教材が完全に自分の手の中に入ってくるまで調べる。そうすれば,「発問・指示」だけでなく,「資料」もどんなものが必要か見えてくる。

　それだけではない。どんな「板書」をすべきかもわかってくる。つまり,「これだけは何としても教えなくてはならない」ということが,「板書」という型で見えてくるのである。

　だから私はよく「板書計画をしましたか？」と聞く。しかし,ほとんどなされていない。いきあたりばったりである。

　「発問・指示」をすれば,「子どもの反応」が出る。これを,話し合いながら,「集約・焦点化」するのである。この焦点化された学習問題をさらに話し合い,考え合って深めるのである。

　このとき必要な技術が,教師の「話術・表情・パフォーマンス」である。これらの技術を使っておもしろく話し合い,新しい結論を導き出すのである。

　あわせて,どうしても出てくるのが,教師の人間性である。温かい雰囲気をもつ人間性の教師であれば,楽しく明るい話し合い学習が展開されるが,ネクラの教師のもとでは,お通夜のような授業になる。

教師の技術の粋は,「対応の技術」といってよい。これがあれば,子どもを楽しく学習させることができる。

２ 二人のプロを例に「授業づくり」を考える

「プロ」といわれている教師は,どのようにして授業づくりをしているかをさぐってみる。

例にあげる二人の「プロ教師」とは,長年つき合いをしてきて,その本質をつかんできた。二人は,奇しくも愛知県碧南市の教師である。一人は男性教師であり,もう一人は女性教師である。

(1) 何に目をつけたらよいかわからない

授業の善し悪しは,教材で決まる。どんな教材を開発しているかで授業が決まることをこれまで自分も体験してきたし,他人の様子も目にしてきた。

時間をかけて調べ,納得がいった状態で授業にかけたときは,教師も,子どもも目の色が変わる。

愛知県碧南市というところは,わたしにとっては実におもしろいところである。それは碧南市の先生方が,次々とおもしろい教材を開発し,みごとな授業を見せてくれるからである。

つまり,碧南市の先生方は,

| 何に目をつけたらおもしろい授業が展開できるか |

ということを知っているのである。

逆に,目のつけどころのわからない教師の授業は,まさに「遊び」になっていて,とても学習といえたものではない。

ポスターセッションなどをして,発表でごまかしている。「わたしの目はごまかせませんよ」と,冗談でいっているが,実は本音なのである。

学力低下のもとになっているといっても決して過言ではない。それほど内容のない,やりがいのないことをやっている。

こんな教師でも,「こんなことをやってみたらどうか」というと,見ちがえるような授業を展開する。

つまり,「何に目をつけたらよいのかわからない」のである。

(2) 角谷和彦先生のプロの教材開発

碧南市の角谷和彦先生は,小学校では困難と思われている「しょう油」づくりを,会社の協力を得て,一年かけて達成した。

この準備とねばり強い実践には驚き,舌を7回半巻いた。角谷先生は各地から発表に招かれた。

わたしは,このプロセスを一年間見てきたが,並の努力ではなかった。しょう油会社の社長まで学校に招き,一生懸命,子どもに取り組ませていた。

子どもたちは,夏休み中も,しょう油の状態を見にきていた。温度が上がりすぎると校長室に持ち込み,冷房を入れていた。

校長の協力もすごかった。

しょう油をやったら当然のごとく,しょう油を使う食品へ学習が進み,次は「回転寿司」調べへ自然に発展した。

日本はおろか外国の様子まで調べていた。

教材開発が自然なのである。

寿司の歴史も調べ,その古さに驚いていた。

しょう油から,寿司,次は「かつお節」の追究へと進んだ。「だし」の必要性が出てきたからである。

日本のかつお節は,鹿児島の枕崎や山川あたりのものが質がよく,東へいくにしたがって脂がのって質がおち,静岡あたりで終わりになる。

かつおの身に脂がのると,よいかつお節ができないという。私は子どもたちの発言を聞いてびっくりして,調べてみた。その通りであった。

角谷先生には,自然に発展する教材開発の論理が身についている。次は何が出てくるのか？ という楽しみがある。

これが,プロの工夫点ではないだろうか。自然に次の教材が出てくるところがよい。

なお，Ⅰ章に角谷先生による「イチジクを1年間かけて追究した授業」（P.53）を紹介したので，そちらをあわせてご覧いただきたい。

(3) 杉浦真由子先生にみるプロ性

杉浦真由子先生は，「典型的な総合的学習の教材だ！」とわたしが目をつけたほど，みごとな教材を見つけた。

寺町である。23もの寺が学校の近くにあるのはなぜか，ということから教材づくりが始まった。つまり，校区内を歩き回っているうちに発見した「はてな？」であった。

23の寺は，家康が本能寺の変のとき，堺から岡崎へ逃げる途中せわになったことから，家康によって建てられたものであった。

このことから，岡崎の町にも寺が多いか調べ，次に江戸まで調べ，日本の歴史とも深く関連させたのである。

この授業はⅠ章「間口を狭く奥行きを深く」（P.58）でご紹介したので，ご覧いただきたい。

碧南市は，知る人ぞ知る「三州瓦」の特産地であり，今も日本一の瓦の産地である。

杉浦先生はこれに目をつけた。

家康が江戸へ移って町づくりをしたが，その後の将軍たちはたび重なる火災に手をやいた。特に1657年の大火は江戸の町を焼きつくしたという。

そこで，今まで，貴族，寺社，上級武士にしか許されてなかった瓦を，庶民の家にも使うようにお触れを出した。

碧南は海岸にあって，船で江戸まで瓦を運ぶのに都合がよい。このことに気づいたのは，家康が江戸にいくとき（1590年）につれていった家来の知恵者の一人であった。

郷土の発展にもつながるので，どんどん瓦をつくらせ，江戸へ運んだ。このため，碧南は活気を帯びた町になった。

このようにして，碧南の三州瓦は「産業化」したのである。それが今まで続いている。

日本に瓦づくりが伝えられたのは1400年ほど前，奈良，飛鳥寺を造営のとき，朝鮮の百済から四人の瓦職人を招き，その技術を学んだことから日本に根づいたと，『日本書紀』にかいているという。
　当初，粘土瓦は，主として寺の造営だけに使われていたのである。それが藤原宅に使われ，以後，貴族の建物にも瓦が使われるようになった。
　貴族の間に広まったのは中世以後で，江戸に入ってから上級武士の屋敷に使用されたのである。これが，1657年の振袖火事から一般庶民の家にも使ってよいことになったことは先にふれた。
　こういう地元のスケールの大きい教材を開発し，授業にもち込んだのが杉浦先生である。
　こういう教材をみるにつけ，まさにプロの教材化だと舌を巻いたのである。

3　教材開発の基礎技術

(1)　教材開発に必要な基礎技術

　教材を開発するには，それなりの技術が必要である。その技術にはいろいろあるが，わたしは「心得七か条」を提案している（『有田和正の授業力アップ入門——授業がうまくなる十二章』明治図書，2006年）。

　①　逆思考の訓練をしよう

◎逆思考を忘れると……

　第一次南極越冬隊が，南極へ行ったときのことである。
　南極での生活の中心，仕事の中心になるものに「発電」がある。電気がなければどうにもならない。今のわたしたちの暮らしもそうだ。それで，南極へ自家発電機を持っていくことになった。
　何しろ，零下60度にもなるところだから，寒さに耐えられる発電機でなくてはならない。零下70度の部屋をつくって，発電機のテストをくり返した。そして，「これなら絶対大丈夫」という発電機ができあがった。
　ところが，南極へ持っていって動かそうとしても，全く動かない。どこが悪

いのか，さんざん調べてみたところ，「寒さに強くする」ことだけを考えて，「暑さ」のことを忘れていたのである。南極へ行くには，赤道直下の熱帯を長時間航海しなければならない。船倉のものすごい暑さの中で，発電機は南極へ着く前にダウンしていたのである。

まさに，考えの狭さ，逆に考えることをしなかったことが，大変な事態を引きおこした例といえよう。「逆思考」で，思考のパターン化を防ぐことが大切である。

◎取材で「常識」を壊そう

「教師の常識，世間の非常識」という言葉があるように，教師というのは視野が狭く，常識に欠ける。教室の中にとじこもっているからである。このことを自覚して努力する必要がある。

常識を壊すには，現地へ取材に行くことだ。本物を見て，その道の達人に尋ねることだ。わたしは，講演でいろいろな土地に行くたびに，何か新しいことを勉強してくるように努力している。

例えば，ぶどうについては，かなり知っているつもりであった。しかし，現地・山梨県勝沼に行って，その道の達人に会い，話を聞いているうちに，ぶどうが勝沼でさかんにつくられ，日本一になった決定的な理由が初めてわかった。

それは，「勝沼の土」であった。水はけがよく，しかも，保水力もあるという小石まじりの「土」が，勝沼の「いのち」であった。どんな資料にも書いていないことであった。

② 常に複数のテーマを追究しよう

科学雑誌『ニュートン』（ニュートンプレス）の元編集長・東京大学名誉教授の竹内均先生は，現役時代，常に50のテーマを追究していたという。恐ろしいばかりの数である。これだけ追究しておけば，いくつか行きづまっても他のテーマを追究することができる。

竹内先生のようにはいかないが，わたしのような凡人でも，結構いろいろなことに興味をもち，調べたり，考えたりしていることに気づく。これを意図的にやっているかどうかの違いが，後々出てくる。

いろいろなものに興味をもち，調べたり，考えたりしているうちに，いくつかの教材ができてくる。これを楽しむことである。

　論語に，「これを知るものは，これを好むものにしかず。これを好むものは，これを楽しむものにしかず」という言葉がある。

　いろいろなことを追究することを「楽しむ」ことが，教材開発へつながることになる。

　そのためには，常にメモ用紙を持って，気がついたら，いつでも，どこでも書くくせをつけ，広くヒントを集めることだ。

　「メモ魔」といわれる人たちは，その道の達人が多い。凡人はメモしていない。講演を聞くときでさえ，メモしていない人がいる。

　電車の中でメモしたいことがあったら，降りるところを通り過ぎてしまっても，メモを優先するくらいに「メモ魔」になることだ。こんな努力で，多くのヒントが集まる。

③　現地主義をつらぬこう

　先にも書いたが，現地へ取材に行けば，必ず「+α」の発見がある。

　「百聞は一見にしかず」という言葉があるが，わたしは，「百聞（情報）があって，一見が生きる」といいかえている。「もう十分に調べた」と思っても，現地へ行けば，必ず新しいことが見つかる。これが「一見」の価値である。

　根室を教材化するとき，事前に資料を集め，本を読んで，必要な情報をもったつもりであった。ところが，根室へ行ってみると，わずか30kmの半島に，四つの植生があることがわかったり，「風衝木（ふうしょう）」という北風を強く受けた木があったり，半島の先の方では庭木も育たないことがわかったり，根室沖の魚やカニは「国境を知っている？」ことがわかったりして，おもしろくてたまらなかった。

　柳田邦男氏が，「取材とは，禁断の木の実を食べるようなものである」と言っている意味がよくわかった。

　一度味を知ると，次々と調べに行きたくなる。根室にはこれまで5回くらい取材に行った。根室と比較のためもあって，稚内にも2回行った。稚内でも，

2回目に「日本一広い牧場があること」や「カニはほとんどロシアから持ち込まれたものであること」などを学んだ。

　カニを売ったロシア人は，日本からインスタントラーメンなどを買って帰るという。カニの代金は，ほとんどは日本で買い物をして帰るので，お金は日本に落ちることもわかった。ロシア人の買う品物も，時代によって変化している。初めは中古の自動車や自転車であったのが，今やインスタント食品に変化しているという。その土地へ行って現地の人の話を聞かなければ，こんなことはわからない。

④　本や新聞の読み方を工夫しよう

◎おもしろい本の見つけ方

　誰だっておもしろい本を見つけたい。しかし，それは容易なことではない。

　第一に，問題意識をもってさがすことが大切である。大きい本屋に行って，「こんな本がほしい」といえば，コンピュータでさがしてくれる。

　第二に，書評に気をつける。書評に出るくらいの本は，やはり質がよいものが多い。しかし，だまされることもある。書評には，悪口を書かないからである。これにひっかかることもあるし，書名にひっかかることもある。

　第三に，出版社が出している「出版案内」に気をつける。それに，行きつけの本屋をつくること。どこの棚に，どんな本があるのかがわかるので，さがしやすい。

　第四に，著者に目をつけて買うことだ。A氏の本がおもしろいと思ったら，A氏の著作を検索すると出てくる。竹内均先生のように，250冊も書いていれば，買うのが大変である。そんなときは，公共図書館などを活用することだ。東京23区の場合，その区立の図書館になくても，他区の図書館にあれば借りられるので，たいていの本は調べることができる。ただし，貸出期間が短いのが玉にキズである。

　第五に，地方へ行ったら「地方出版」の本に気をつけると，意外におもしろい本が入手できる。空港や駅の本売り場に気をつけることだ。最近沖縄で，おもしろい本を2冊見つけ，購入した。

第六に，雑誌や論文の引用や参考文献に気をつけることだ。著者の企業秘密をのぞけることがある。

　もちろん，今書いた逆のこともある。そのときは，「おもしろい本を選ぶための授業料」だと思ってあきらめることだ。くよくよしていると，本代だけでなく，時間も気分も損をすることになる。

◎手あたりしだいに本を読もう

　情報入手の最大のものは，本であり，雑誌であり，新聞である。

　これらをさっと読んで，必要なところへしるしをつけたり，切りぬいたりする。それを「ネタ帳」などにはりつけておく。ネタのもとであるヒントになるものを集めるため，それこそ手あたりしだいに本を読み，雑誌を読み，新聞を読む。

⑤　一人の子どもを思い浮かべよう

◎一人の子どもを熱中させるために

　わたしが教材開発をするとき，常に頭にあるのは，一人の子どもの姿である。「この子を熱中させたい。そのためには，どんな教材がよいか」と考えるのである。

　担任でなくなった今でもこのくせはぬけず，気がついたら，元担任した子どもを頭に描いている。こうしてつくった教材は，具体的で，その子どもをほぼ動かせる。ということは，その子と同じような学年の子どもも動かせる，ということになる。

　食べ物にしか興味を示さない子どものために，「試食の宿題」を出したことがある。これは完全に当たった。この子どもは「試食」を通して「店」を見るようになった。

◎発展させる子ども

　この子どもは，夏休みに奈良・京都へ家族旅行をした。このときも「試食」を通して観光地を見た。すると，東京の店より気前よく試食させる。だから，土産物がよく売れるのだ，と結論づけている。

　さらに，箱根に行ったら，試食させない。だから，よく見るとあまり売れて

いなかったという。

　こんな発展のさせ方をするようになったのは，ある子どもを想定して教材を開発したからである。

　一人の子どもが動けば，他の子どもも動く。

　⑥　見る目とセンスをみがこう

◎茶わんから都市が見える目をつくる

　湯飲み茶わんの大きさは，それを使う人間の「胃袋の大きさ」によって決まってくる。胃袋の大きい人は大きい茶わんを持ち，小さい人は小さい茶わんを持っている。

　茶わんの直径は何によって決まるのか。それは，人間の手で持ちやすい寸法である。このへんまでは，ちょっと考えれば誰でも思いつくことだ。けれども，これだけで茶わんの大きさが決まっているのではない。

　「茶わんでお茶を飲んだ後，茶だんすの中にしまわれる。その茶だんすは，ふつう畳一枚のスペースに置かれる寸法に造られている。茶だんすの構造は，ふつう下に戸棚，その上に引き出しが三列に二，三段，その上がまた戸棚という形に造られている。

　実は，茶わんの大きさは，この引き出しにうまく並べてしまえるように，直径や高さが決められている。

　逆にたどってみると，湯飲み茶わんの大きさは引き出しで決まり，引き出しは茶だんすの寸法で決まり，茶だんすは畳の寸法で決まり，また，家の寸法は畳の寸法で決まる——となるわけだ。

　また，その家の寸法が道路に関係し，都市の設計に関係していく——というところまでたどると，驚くなかれ，一個の湯飲み茶わんのその姿の中に，都市全体が生きていることが見えてくるのである」（森政弘『心眼』三笠書房）

◎本の読み方との関係

　『心眼』のような本を読むことによって，「湯飲み茶わんから都市が見える」目やセンスをみがくことができるのである。

　教材を開発するということは，こういう目やセンスをみがくことになるので

ある。おもしろい本をさがしてセンスをみがこうではないか。
　⑦　すべてのものを「師」にしよう
◎知らないことはたずねる
　札幌のある先生が，「札幌のスーパーは，野菜の中ではトマトが圧倒的によく売れる。それで，トマトの売り場を最も工夫している」と書いていた。
　「ヘぇー」と思って近くのスーパーに行って尋ねた。すると，「青もの野菜，例えば，みつば，みずな，ほうれんそうなどがよく売れます」という。
　「トマトは，どうですか？」と聞くと，「まあまあですね」。
　レジの人が，何がよく売れるのか一番知っていることも，このときわかった。「地域によって売れるものが違う」こともわかった。
　わたしは，「尋ねることを恥ずかしい」とは思わない。知らないことが恥ずかしいと思って，知っている人なら誰にでも尋ねる。
　高松へ行ったとき，昆布の専門店で，おばあさんにいろいろ尋ねた。喜んで教えてくれた。
　高松の商店街のアーケードは長い。「何メートルあるか？」と聞くと，「1kmくらい」という。端から端まで歩いてみた。歩数からすると，「1km以上という感じがした。誰も正確な長さはわからないだろうといっていた。
　「何でこんなこと聞くの？」と逆に質問された。「長いから，すごいと思って」というと，若い店員が横から，「今度調べときますから，またきてください」といった。
　このとき，高知市の「帯屋町商店街」を思い出した。ここは，店の数が多いことで日本一の商店街である。
　こんなことをメモしておくと，商店街の学習のときに役立つ。教材開発にも役立つ。
(2)　教材開発の実際例
　沖縄に25年続けて行っているうちに，黒酢のすごさを知った。甕仕込みのコウジ黒酢は，体重管理，健康管理の基本であると聞いた。
　コウジには，18種類のアミノ酸がバランスよく含まれており，なかでも健

康に大切なグルタミン，アルギン，アルギニン，アラニンが豊富という。1日の目安は，わずか30ml。これはストレートで飲める。

沖縄の黒酢は有名だが，近年，ネームバリューを上げてきているのが，鹿児島の黒酢である。鹿児島の福山（霧島市福山町）がアマン（黒酢のこと）のメッカである。芋焼酎，黒豚とともに大ブレーク中の黒酢を，教材化してみた。

（写真提供：西前茂樹氏）

> ①これはいったい何でしょう。外ですね。壺に入っています。さあ何でしょう？

上の写真を提示する。

> ②場所もわかるように，写真を工夫しています。場所はどこでしょう？

美しい山の形と海をはさんだ土地，福山というところである。鹿児島県の地図を見るとすぐわかる。

アマンの語源は，中国福建省のアモイ市が有力である。アマン，つまり「黒酢」は，今から約200年前，福山で製造が始まった。福山は，県都・鹿児島市より車で約1時間，約40km北東へ走った，鹿児島湾の奥に位置している。

> ③伝統的なアマン造りの会社は，いくつあるでしょう？

これは，答えられない。資料がないからだ。7社である。

④黒酢造りの原料は何でしょう？

　酢は，一般に酒をさらに発酵させてつくる。これをヒントにすると原料の見当がつく。
　第一に，米。熊本産の「森のくまさん」という減農薬の米を使っている。
　第二に，水。酒も水のよいところでつくられる。三方を山に囲まれた福山では，山の中腹から湧き出る水は，薩摩藩時代，「廻水（めぐりみず）」と呼ばれ，藩内随一の水として折り紙つきであった。このよい水が井戸から入手できる。畑の中に井戸を掘っているところもある。この水はミネラル分を豊富に含んでいる。
　第三に，黒コウジ（玄米）。
　第四に，杜氏の必殺技でつくられる。
　以上の四つがうまくないと，よい黒酢はできない。酢造りにも杜氏がいるのである。

⑤酒に仕込み時期があるように，黒酢にもあります。それはいつでしょう？

年2回仕込んでいる。
㋐柿の葉の新芽が出る頃──3月末，春仕込
㋑柿の葉が色づく頃──秋仕込
両者の味は微妙に違うらしいが，わたしにはわからない。

⑥どうして海岸沿いのところでつくっているのでしょう？

㋐海岸の強い日差し ┐
　　　　　　　　　├─ 南イタリア風という。
㋑霧島岳からの涼風 ┘
これで，壺の中はブクブクと発酵する。

> ⑦アマン造りの一番難しい点は何でしょう？

　㋐壺は，屋外の土の上に置いてあるため，下に液垂れした黒酢を目ざしてミミズがたくさん集まる。

　㋑ミミズが大好物のモグラが集ってきて壺の下は穴だらけになり，壺がひっくり返ったりする。

　㋒モグラ対策のために，畑の周りに彼岸花（モグラが嫌う）をぎっしり植える。

　㋓倒れた壺の黒酢の甘い振りコウジを目当てに「タヌキのファミリー」までやってくる。

　それでも㋔「雨にも負けず，風にも負けず，モグラにも，潮風にも負けず」２年見回り→完成。

　大変な労力であり，技術である。

（3）違った角度からの教材開発例

①　動物園で働く人の工夫

　「授業力アップ」に欠かせないのが，教材研究力，教材開発力である。このことを，わたしは，「材料七分に，腕三分」といっている。

　七分の材料を見つければ，少々腕が悪くても子どもは動く。もっとも，七分の教材を見つけるのも「腕三分」の中に入っているのだが。

　社会科の教材を開発するのに，社会科関係の本や資料を見ていたのでは，おもしろい教材は見つからない。よい例を紹介しよう。

　多摩動物公園の石田戢氏が「発見の動物園」という文を『そよかぜ通信』（教育出版，2005年秋号）に書いているのを読んで感動した。

　石田氏は，国語を扱っている６社の教科書を読み，そこでの「野生動物」の取り扱いの比率は約30％もあることをつかんだ。

　さらに，国語の「説明文」の分野での野生動物の比率は，なんと60％に達していることをつかんだ。

　こういう研究をして，「動物園は何をすべきか」と考え，教員のための研修

講座を開いている。毎年700〜1000人もの教員が参加しているという。

　国語の教科書の文からのヒントで，動物園の展示のしかたを工夫したのだ。例えば，従来はキリンを上から見るようになっていたのを，すぐそばの同じ高さから見えるように展示のしかたを考えたのである。

　これで，キリンの首が長いことや，背が高いという特徴に気づくようにしたという。さらに，こういう展示のしかたで，首をどうやって支えているか，目はどうなっているか，口をいつももぐもぐさせているのはなぜか，といった「はてな？」をもつように工夫したという。

　疑問をなげかけ，ヒントを与えることで，さらに疑問が深まり，観察の焦点が定まってくるのではないかと考えている。「答えは，自分で観察して見つけなさい」というわけである。

　まさに，授業そのものではないか。

　動物園の見学を，総合的学習のためだと考えていたのが，実は国語のためであり，社会科や生活科，図工などの学習のためでもあるのである。

　教科と総合がより深く関連し合っていくことによって，両者とも深まっていくことを，動物園の例は証明しているといえる。

　授業力がアップしないのは，生活・総合と教科との関係が足りないことも原因の１つである。

　両者のかかわりの中心をなすのが「はてな？」発見力であり，「見る力」であり，「ことばの力」である。すべてはここに収れんされるのである。

② 教材の背景を調べるには

　国語でも社会科でも，教材研究は，それと直接関連することだけをとりあげる傾向が強い。これでは，本当の背景まで研究することにならない。

　わたしは，社会科以外の本を読んだり調べたりしている。そのことが社会科の学習を深めることに気づいたからである。

　ミミズのことを研究したり，ザリガニのことを調べたりしているうちに，社会科との関連が見えたりする。こんなとき，おもしろいなあ，世の中ってすべてつながっているのだな，と思う。

みつばちの本を読んでいたら,「これは人間社会と同じだ」と思うことがたくさんあった。授業力を鍛えるということは実に奥が深い。

(4) こんな資料が目に入るか

【少女のともした愛の灯の物語】　クリスマスにちなんだこのような物語を読んだことがあります。
　寒いカナダのあるクリスマス・イブのことでした。とある刑務所の所長が一日の働きを終えて家路を急いでおりました。小脇には家族のためのプレゼントを抱えています。その時,所長は冷たい暗がりの中にひとりの少女が薄着のまま立っているのを見つけ,声をかけます「どうしたの？　何か用？」。顔を上げて少女は尋ねます「おじさん,ここの人？」。うなずく所長に少女はニッコリほほえみ,こう頼むのです「おじさん,パパがこの中にいるの。パパにこのプレゼントを渡してくれない？」。所長が少女の父親の名を聞くと,確かに彼は服役しています。しかし,決して模範囚ではありません。むしろ,所長の知っている囚人の中で最も手を焼く問題の囚人だったのです。それでも所長が少女の願いを聞き入れると,少女は「ありがとう」とにっこり笑って喜びながら走り去っていきました。
　やがて少女のプレゼントを手に,所長は壁に向かってあぐらをかいている父親の後ろに立ちます。そして,声をかけます「君の娘が,君にクリスマスプレゼントを届けに来たよ」。しかし,男は微動だにしません。それどころか,所長が肩越しに渡そうとしたそのプレゼントを右手でうち払い壁にたたきつけたのです。包みは破れて床に散り,中から一通の手紙ともう一つの包みがこぼれます。「何をするんだ」と所長は男をたしなめながら,床から手紙と包みを拾い上げます。そして,灯りの下でおもむろに少女の手紙を読み始めるのです。
　「お父さん,お元気ですか？　私も元気です。お父さんがいなくなってすぐ,お母さんは家を出ていきました。私はおじさん,おばさんの家にあちこちとあずけられました。おじさんたちはみんなお父さんの悪口を言います。近所の人も,学校でも,みんなお父さんは悪い人だと言います。でも私はお父さんはいい人だと思います。お父さんが大好きです。お父さん,早く帰ってきてください。待っています。
　きょうはクリスマスです。でも,お金がありません。それで私のいちばん大事なものをさしあげます。お父さん,これを持って,毎日,私がお父さんといっしょにいると思ってください。お父さん,早く帰ってきてね。お元気で,さようなら。……」
　もう一つの包みを所長は開けてみます。するとその中から出てきたのは,少女の薄汚れた栗色の髪の毛でした。それが,少女のいちばん大切な,いつも一緒にいたいと願う父

> 親へのプレゼントだったのです。絶句する所長の手から，突然振り向いた男が娘の手紙とそのプレゼントを奪い取ります。そして，しばらくそれを見つめ，胸にかき抱くとベッドに身を投げ出すのです。男の肩が震えます。嗚咽がもれ聞こえてきます。所長は黙って部屋を出ていきました。
>
> 　そして，次の日から男の生活態度は見事に変わるのです。真っ暗な彼の心に光が差し込んだのです。命の灯がともったのです。それは彼を愛する娘の愛の灯でした。
>
> SDA柏キリスト教会　島田真澄（牧師）

　こんなすばらしい資料が，新聞の折り込みの中に「近くの教会へのお誘い」として出ていたという。それが「目につきました」というのである。モラロジー研究所の木村博先生がその目についた方である。

　わたしは，木村先生が，モラロジー研究所の所報に書かれていたのが目についたのである。先生から原典を送っていただき，教会に電話し，島田真澄先生に連絡をとった。

　こんな資料が「目につく」ようになったとき，すぐれた授業ができるようになる。

　これこそ，「道徳」の教材として最高ではないだろうか？

　いろいろなところに，問題意識をもって目くばりしていると，目に入るようになる。

　わたしにも経験がある。あるとき，旭川駅から深川駅までわずか19分間特急列車に乗った。普通列車の本数が少なく特急に乗るしかなかったからである。列車に乗ってすることがないので，前のポケットに入っている『The JR Hokkaido』という薄い冊子を何気なく手にとって，パラパラとめくった。

　とたんにわたしは「あっ！」と声をあげた。周りの人がびっくりしてわたしを見ていた。そこには，長年さがしていた，十勝平野の防風林の長さが出ていたのである。3〜4年さがして，たずねまわって見つからなかったものである。

　「3605km」という数字が，今も目に焼きついている。この5年間に400kmも減ったということも書かれていた。

　十勝平野の防風林の長さは，日本列島の長さと同じくらいで，今も存在し続

けている。いかに風が強いかわかる。
　このことがあってから，この冊子を有料で家に送ってもらっている。
　さがし求める心があれば，ある時偶然に見つかるものである。こういう追究心がなければ，「すぐれた授業づくり」の元になる「教材」は見つからない。

４ 指導技術の磨き方

(1) 指導力アップを願う心

　教師の指導力のあるなしによって，まったく異なったクラスになる。いろいろな施策がなされ，工夫されているが，やはり問題は「教師の指導力があるか」ということにつきる。
　有能な教師が担任をもてば，教育条件はよくなくても驚くような成果をあげることができる。
　にもかかわらず，教師の研修が「指導力のアップ」につながるかどうか疑わしいのが現実である。
　「休養」のために研修会に出ている教師さえいると聞く。それほど今の現場は忙しいということであろうか。体をこわせば，子どもに，怠ける以上に迷惑をかけてしまう。
　なんとか教師たちに，「なんとしても自分の指導力をアップさせたい」という強い願いをもつようにさせたい。そして，それを実現する努力をさせたい。それをわたしは支援したいと願っている。

(2) こんな「対応の技術」を身につけたい

　それにはどうすべきか？
　「あこがれ」をもたせることである。「Ａ先生のようになりたい！」と，具体的なあこがれをもたせることである。
　群馬県のある温泉に行った。ＪＲの駅からバスで30分ほどのところである。帰りのバスに乗ったところ，なんとガイドさんが乗っていた。
　「皆さん，おはようございます。昨夜から今朝にかけてこの温泉に入られた

ことでしょう。この温泉は『若返り』の効果があります。1回入った方は手をあげてください。ハイ 10人くらいいますね。この人たちは 10 歳若返っています。周りの方はよく見てあげてください。皮膚が輝いていますね。

では，2回入った方は手をあげてください。ハイ，今度は多いですね，20人くらいいます。今，手をあげてる方は 20 歳若返っています。さっきの方より，一段と皮膚が輝き，目がキラキラしています。20 歳も若返ったのですからね」

こんな話で，お年寄りばかりのバスの中は大にぎわいで，楽しいことこの上なしである。そこで，わたしは調子にのって，「ハイ！」と挙手した。ガイドは「何ですか？」といった。「ハイ，わたしは3回入りました！」と大きな声でいった。ガイドがいう前に先手を取ったつもりであった。

すると，ガイドはいった。

「ハイ，3回入るともとにもどります！」

これで今までより以上大さわぎ？ 大笑いになった。温泉に入ったことより，バスの中の笑いの方が健康効果が大きかった。楽しい温泉旅行であった。

わたしは，このときのガイドの「対応の技術」に舌を7回半巻いた。とても並のガイドではない。こんなステキな，みんなをわかせる対応が，さらりとできるのだから……。

わたしたち教師が，授業中，子どもから質問を受けたとき，こんなおもしろい対応ができるだろうか。

これこそ教師の技術の粋ではないか，と考えた。これまでこのようなおもしろい対応をした教師を見たことがない。

しかし，これに近いことを子どもから教えられたことがある。

5年生に飛び入りで世界地図の授業をしているときのことである。なかなかよくできるので，余分な質問までしてみた。

「今までに赤道を越えたことがある人？」と尋ねたところ，三人挙手した。それで，「スチュワーデスが，間もなく赤道を越えますというアナウンスがあったとき，赤道を見た人はいませんか？」といったらある子どもが挙手した。

その子どもをあて，「赤道が見えましたか？」というと，「ハイ！ まっ赤な

赤道が鮮明に見えました。しかし，次の瞬間，幻のごとく消えました」といった。

会場は，笑いのうずになった。わたしは「君は中学3年くらいの知能とユーモアがありますね。すごい！」といって拍手した。すると，会場の人がみな拍手した。

子どもでさえ（5年生），こんなステキな対応ができることに驚いた。日本にもすごい子どもが育っているとうれしくなった。

こういう授業や先のバスのようなことに出会えば，「こんな対応の技術を身につけたい」というあこがれをもつのではないだろうか。

わたしはこのような例をいくつも知っている。だから「上には上がいる」と考え，技術を向上させるべく努力を続けている。

(3)「発問・指示」の技術

教師の指導技術には，ありとあらゆるものがあり，単純に取り出すことは危険である。しかし，すべてを語ることができない以上，多少の危険を冒していくつかにしぼって述べてみることにする。

子どもを生かし，本気になって追究させるには，子どもに「おもしろい！というはてな？」をもたせなくてはならない。

それには，第1に「発問・指示」をきちんとすることである。どんな「発問・指示」をするかで，プロかノンプロか決まる。みていてもわかる。

授業の上手な教師，子どもを引きつけて離さない教師は，本当にうまい「発問・指示」をする。

わたしが考え出した「バスの運転手は，どこを見て運転していますか？」という発問は，子どもを必ず動き出させるものである。「前」ということがわかるから全員手があがる。

それまでは，「バスの運転手は，どんな仕事をしていますか？」という発問をしていた。これでは，優秀児しか答えられない。いろいろな仕事をしているのだから，2年生の子どもにはなかなか答えられない。

「どこを見ているのか」の方は「前」ということから，「バックミラーは何の

ためにあるのか」という問題に発展し,「後ろ」も見ていることに気づく。いや,横も,上も見ているよ,というように広がっていく。この発問は応用がきくのである。

「東京23区に牧場があるだろうか？」という発問も子どもの意表をつき,子どもたちは必死で調べ出した。

授業の中心は「発問・指示」といってよいだろう。

(4) 子どもの反応を「集約・焦点化する」技術

発問・指示を行うと,子どもは反応する。この子どもの反応を「集約・焦点化」しなければ,考える学習にならないし,深まっていかない。

この「集約・焦点化」するのに役立つ技術が「板書」であり「資料活用」である。今の若い教師たちは,チョークの正しいもち方さえ知らない。もちろん「消し方」も知らない。

「板書」というのは明治以来使われてきた技術だが,今も大切な教育技術であることには変わりがない。子どもたちの発言や調べたことなどを集約し,焦点化しながら板書していくのである。

書かないと子どもにはわからない。視覚と聴覚をフルに使うことである。つまり,板書というのは「五感に訴えるもの」だといえるのである。

この板書技術をみがくことは,教育技術の向上に大きくかかわることである。手軽でしかも,いつでも,見えるように大きくきちんと書ける。だからこそ大切にしなければならないのである。

次の「資料活用」は,情報収集,資料作成,資料提示の三つをまとめていっている用語である。資料作成の技術は,教材研究の技術といってもよいくらい深くかかわっている。

なぜなら,教材研究をし,情報を収集したエキスを,「子どもが見たくなるような資料」の形に作成するからである。

授業の上手な教師は,資料作成もうまい。資料作成のしかたがよいから,よい授業ができるのである。

(5) 具体例

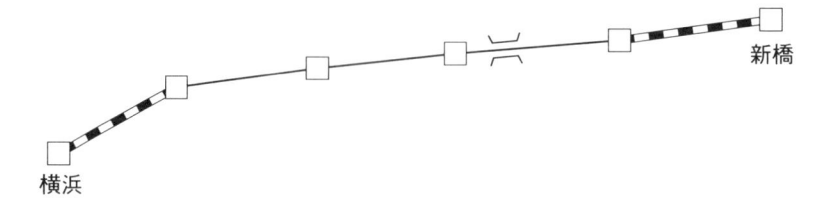

```
                                    ┌┤├┐         新橋
    □━━━□━━━━━□━━━━━┴─┴━━━□━━━━▨
  ▨
  横浜
```

　上の地図（資料）を作成するのに，長い時間考えた。「これなら必ず子どもが動き出す」という確信がもてるまで考え，何度も作り直した。

　提示しただけで，「先生！　これは何ですか？」と子どもの方から問いかけてくるものがよい。

　教科書をよく見ている子どもや知識のある子どもが，「新橋－横浜だから，日本最初の鉄道ではないか」とさぐりを入れてくる。「どうもそうらしい」ということになる。

　すると，2か所記号が違う。新橋～品川間と神奈川～横浜間は他の所と違う色（赤をぬってめだつようにしておいた）をしているのはどうしてか，という新しい「はてな？」が出てくる。

　駅の名前は？　長さは？　スピードは？　どんな人が乗り，どんな物を運んだのか？　なぜ新橋～横浜間だったのか？　中心になった人物は誰か？　一般の人々は反対したのか？　賛成したのか？　鉄道をつくる技術はどこから借りたのか（日本にはなかったはず）？　資金や資材はどこの国から借りたのか，買ったのか？　などなどの「はてな？」が次々と出てくる。

　そして，たった一本の線だけの資料なのにものすごく深い内容がこの中にこめられていることに少しずつ気づいてきて，驚くのである。

　これだけ「はてな？」が出てくれば，文句なしによい資料といえる。この資料を黒板にきっちりと位置づければ，板書も生きてくるし，集約・焦点化も自然にできる。

　子どもたちは，「どちら側が海か」ということさえわからなかったのが，エドモンド＝モレルが過労死したことまで調べ出す。夫人も12時間後に亡くな

るという悲劇を乗り越えて，日本の鉄道はできた。

　モレルの墓が，横浜の港の見える丘近くの外人墓地にあり，「墓石が切符の形」をし，まわりの「柵がレールの形」をしているのを見てきた子どもが興奮して話したのを，つい昨日のように覚えている。

　よい資料は子どもを熱中させる。子どもを本気にさせ，「追究の鬼」にする。

　だからこそ，わたしは他人の授業を参観するとき，「どんな資料が出てくるか？」「どんな発問・指示をするか？」「どんな板書をするか？」などに注目しているのである。

(6) 話術・表情・パフォーマンスなどの技術

　授業を進めるには，最低限，教師の「話術」「表情」「パフォーマンス」などの技術もなければならない。

　教師は話すのが商売のはずなのに，話が下手な人が多い。その上，長い。下手な話の具体例として，「長話をする，昔話をする，同じ話を繰り返す，自慢話をする，何をいっているかわからない」ということがある。

　ある中学校の生徒が，修学旅行から帰りつき，駅のコンコースで先生の話にあっていた。聞くともなしに聞いていたら，次々と先生方が，旅行中に悪いことをした例をあげて，「反省しろ！」といっていた。もう旅行は終わっているのに。

　司会進行をしている先生が，「最後に旅行社の人にあいさつしてもらいましょう」といった。子どもたちは，「またか！」という表情で下を向いた。

　若い旅行社の方がハンドマイクを受けとると，次のようにいったのである。

　「皆さん，今度の旅行は楽しかったですよね。何しろわたしが案内したのですから。今日帰ったら，旅行中の楽しかったことだけ話してください。叱られたことなど話してはいけません。これが旅行させてくれたことに対する親孝行というものです。終わり」

　子どもたちは初めて「ワッ！」と笑い，笑顔になった。拍手した。いい気分で帰ることだろうと思った。

　それにしても，プロの教師がつまらない注意ばかりして，ノンプロの旅行社

のまだ若い社員がびっくりするような話をしたのには,わたしは最後まで保護者のような格好をして聞いていたかいがあったと思った。

この旅行社の社員は,ただ者ではない。将来会社を背負って立つような,人を引きつける人物になるだろうと思った。

子どもに何か話すとき,いつもこの話を思い出す。「短く,おもしろく」である。

この例を手本にして,「短く,おもしろく」必ず笑い話を入れるように努力している。短くもむずかしい。つい長くなる。

これも広い意味では,最初に述べた「対応の技術」といってよい。相手をよい気持ちにし,やる気を出させなければ話したかいがないではないか。

(7) 学級づくりがベース

今まで述べた技術を生かしてよい授業を行うには,「学級づくり」がきちんとできていなければならない。これは基盤である。

今や,「学級」の体をなしていないものが多くなっている。授業どころではないというところもある。一人ひとりの子どもをきっちり生かすには学級が大切である。

学級というのは,「助け合い,みがき合い,けん制し合い」の三つのことが機能していなければならない。

今,一番弱いのは「けん制し合い」である。

友だちが悪いことをしていても,注意一つしない。それに,友だちが困っているのに助けようとしない,手助けしない。これでは学級とはいえない。

わたしどもは,きちんとした授業をつくりながらきちんとした学級をつくって子どもを育てなければならないのである。

5 生活科の指導の工夫(アイデア)

生活科の指導のアイデア

小学1年生は全国的に必ずといってよいほど行う朝顔栽培を題材に,個別指

導らしからぬ個別指導をした例を書くことにする。

　どこで，どのような個に応じた指導がなされたのか，考えながら読んでほしい。生活科は，一斉指導より個別指導のほうがはるかに多い。そうしなければ，子どもがよく理解できないからである。

　個別指導は，低学年では「普通」なのである。個別指導といわなくても行っているのである。

① 個に応じた指導をするのが普通

　生活科は，相手が１～２年生という小さい子どもだけに，「個に応じた指導」が特に必要になる。道具や材料を使って活動をするときなどは，個に応じた指導が多くなる。

　１年生で全国的に実践されている朝顔を植えたり育てたりする活動でも，個に応じた指導をしなければ，芽が出なかったり，育たなかったりすることが多い。

　植木鉢に朝顔の種を植えるとき，指の第一関節まで曲げて穴をあけ，種を植えるように指導するのだが，指を曲げて穴をあけるということがわからない子どもが必ずいる。これを見逃してしまい個別指導をしなければ，植木鉢の底のほうに植えたり，上のほうに植えたりする。

　こういう指導は，何も生活科だけではなく，国語や算数でもしなければならない。ふだんから個別指導をしておけば，どの教科でも自然に無理なくできる。個別指導をするくせをつけることが大切である。

　計算させたらできているかどうか，さっと全員のノートを見ることだ。今は人数も多くないので簡単に見ることができる。見やすいように机を並べることも必要である。少人数指導など，一回りすれば全員が見えるようにすればよい。

　これが生活科にも生きるのである。

② 支柱はどんなのがよいか？

　朝顔に芽が出て，つるが伸び，支柱を立てなくてはならなくなる。このとき，みんな同じ支柱（購入したもの）を立てるのではなく，個に応じた工夫をさせることだ。

　例えば，大きな木の根本に植木鉢をおいて，大きな木につるが巻きつくかど

うか調べる子どもが出てほしい。いないときは示唆する。

　この植木鉢から30cmも離れている支柱に巻きつくか。こういう実験をしてみる子どもに育てることが，個に応じた指導をするということである。

　朝顔は，大きな木には絶対巻きつかない。30cmも離れている支柱の方に巻きつき，子どもたちを感動させる。「朝顔は，自分を知っている」というのである。「目がある」ともいう。

　つるが伸びたら，右巻きか左巻きか確かめさせる。上から見ると左巻きだが，横から見ると右巻きである（今は右巻きと教えることが多い）。

　右巻きの朝顔のつるを，むりに左巻きにしてくくりつける。するとまた右巻きにもどる。どうしてだろうと考える。こういう実験を楽しませることだ。

③　花の色の予想

　植木鉢には朝顔を4〜5本植えるのがよい。けっして1本にしないことだ。つぼみができたとき，つぼみに「何色の花が咲くか」予想の札をつけさせる。

　何を基準にして色を予想するか。一人ひとり異なる。誰の予想が当たるか楽しみである。実験なのだから当たらなくてもよいことをしっかりおさえておく。

　つるの色に着目した子どもは，比較的当たる確率が高い。つるの色と花の色は直結しているのである。このことに気づかせると，当たった子どもは歓声をあげる。

　花が咲きそうな日は，登校が早い。予想が当たったかどうか，確かめたいからである。予想が当たっても，なぜ当たったのかわからない。そこで個別指導をするのである。

　すると，この子どもが他の子どもに教える。たちまち広がって，みんなの知識となる。

　大きな花が咲いた鉢がいくつかある。どうして大きな花が咲いたのか考え合う。すると，右巻きの朝顔に，左巻きをむりに入れた鉢が大きな花をつけていることを見つける。このとき，「しまった。ボクもやればよかった！」などという子どもがいる。こんな子どもは，次のとき，必ず工夫する。

　別の鉢で大きな花が咲いたのがある。これはなぜか。これは教師の鉢である。

「先生は何かしかけをしたんだろう？」という。

「さて，どんなしかけをしたんだろう？」と考えさせる。肥料をやった，水をたくさんやった，日当たりのいいところにおいた，なかには「大きくなれ！」と毎日声をかけた，などという子どももいて，実に楽しく考える。

実は，この鉢には，ミミズを30匹入れておいたのである。子どもたちはびっくりして，「ミミズを見せて！」という。2学年でミニトマトをつくるとき，忘れないでミミズを入れるかどうか。

④　誰が数えて入れたのか

つるが枯れ始めた。そこで1本ずつとりはずして長さを調べてみようという。その前に実を取る。種がいくつ入っているか。1個1個調べてみる。

どの実にも，種が6個ずつ入っている。「先生，誰が数えて入れたの？」「先生にきまってるじゃない！」「うそ！」。

朝顔の不思議なことがいくつもわかってくる。つるを伸ばしてはかってみると，なんと4メートルもある。

ぐるぐる巻いているからわからなかったけど長いんだね，とびっくり。

朝顔日記を書いている子どもなど，驚いたことがいくつも書かれている。この日記も，個に応じて，いろいろな書き方をさせる。その子にあった方法で書かせる。絵だけの子ども，文だけの子ども，絵と文の子ども，写真を入れる子どもなどさまざまである。統一しなくてもおもしろいものができるように指導する。

6　総合的学習の指導のアイデア

(1)　はじめの一歩の授業をどうするか

「子どもにまかせておけばよいのではないか？」

「子どもにまかせておけば，何かやるだろう。生活科だって遊ばせておいたら，生き生きと楽しそうに遊んでいる。」

「この遊びを通して，自然のうちに子どもは学んでいるのだから，総合的学習だって子どもにまかせておけばきっと何か学ぶはず。」

「遊びにすればそれでよし。遊びを通して何か学ぶのが子どもなのだから」と、どこまでも楽観的な人がいる。

「幸せな」人たちである。

① 総合的学習でねらうこと

子どもたちに学ばせなければならないことは、はっきりしている。総合的学習の場合は、内容より方法の方がクローズアップされている。

内容は、各学級で創意工夫することであるから、これは教えるというものではない。

総合的学習でねらうことは、

㋐ 問題解決の資質や能力を育てる

㋑ 学び方やものの考え方を身につける

㋒ 各教科で身につけたことを総合化する

ということである。すべて方法的なことである。

もちろん、内容を通して方法を身につけるのであるが、文面から受ける印象は、方法面が強い。

だから、「これだけは何としても教えなくては」という考えを捨て、おもしろい教材を提示して、追究させながら㋐㋑㋒のことをねらうことだ。

② よい「学習材の開発」が必要

総合的学習の場合は、「教材」というよりは「学習材」といったほうがよい。子どもが興味・関心をもって取り組み、執拗に追究していくようにしなければならないからである。

教師が「これだけは教えたい」という「教材」ではなく、子どもが自らの力で学習していきながら力をつけていく「学習材」といったほうがよい。

教材開発のしかたが変わってくるはずである。いや、変えなければならない。子どもの興味・関心をこれまで以上に重視した「学習材」を開発しなければならない。

子どもの目線に立ったものであれば、ちょっとした刺激で子どもたちは興味・関心をもち、追究するようになる。

最初の第一は,つまり授業のはじめがうまくいくかどうかは,「学習材の開発」にかかっている。
　総合的学習の場合,子ども自身が学習材を開発することも多くある。
　③　強烈な刺激をする
　子どもたちが「ごみ」に興味・関心をもっていなかったとする。
　このときは,例えば,強烈なにおいのする「生ごみ」を教室へ持ち込む。窓はきっちりしめておく。
　子どもたちは,「くさい！　くさい！」という。そして,

> ●生ごみは,どうしてこんなにくさいのだろう？
> ●どんなごみが,特にくさくなるのだろう？

といった「はてな？」を発見する。
　強烈な「におい」という刺激で,子どもの興味・関心を掘りおこし,「はてな？」を発見させることに成功したのである。
　これが,第一のねらいであり,授業のはじめにする教師の仕事である。
　「はてな？」を鮮明にもたせれば,子どもは必ず調べる。実験もする。
　「生ごみは,何度くらいのとき,何時間くらいでくさくなるのか」という「はてな？」を,実験で確かめてみる。
　実験しているうちに,25〜30時間あまりで猛烈にくさくなることをつかむ。気温が低ければくさくなるのに時間がかかり,高くなれば短時間でくさくなる。
　子どもたちは,学校で実験したことを家で発展させる。家の近くのごみ置き場がくさいのは「集めるまでに時間がかかるからだ。なぜもっと早く集めないのか」と考える。
　この問題をもって清掃工場などへ行ってみる。ものすごい量のごみを見て,「これじゃ集めるのもたいへんだ」と考える。しかし,夏など特に早く集めてほしいと思う。
　清掃工場の人へこの「はてな？」をぶつける。「早く集めるよう努力してるんだよ。でもごみが多すぎて,とてもたいへんなんだ」という。

子どもは夢中になって追究する。

④　ごみ学習から環境問題の学習へ

今，身近なところでの一番の問題は，ごみの問題である。焼却すればダイオキシンが出るし，埋めるには処分場が不足している。

海を埋めようとすれば，干潟の生きものや干潟の水浄化力をどうするかで大きな問題となる。

小学3年か4年生では，社会科でごみや水の学習をする。これを発展させて，「環境にやさしいごみ処理」といった単元を構成して，総合的学習で追究するという方法がある。

このときの第一のポイントは，ダイオキシンの発生を防ぐということが大切だから，「焼却量をどう減らすか」ということが中心になる。

「①ごみを減らす　②ごみをよく分別する（リサイクル・再利用にまわせるものはまわす）　③ごみの水分もよく取り除く」といったことを学習する必要がある。

第二のポイントは，900℃以上の高温で完全焼却させることである。これがダイオキシンの発生を防ぐことになる。

しかし，最大のポイントは，「ごみをどう減らすか」ということである。ごみを出さないようにするとともに，出したごみは徹底的に分別して，リサイクルや再利用できるものはすることだ。

「分別」には，知識が必要である。この分別する方法を，地域の実態に合わせて具体的に学習していくことが大切である。

EM（有用微生物群）を使って堆肥をつくってみることなども体験させることだ。この堆肥を学級園などに使ってその効用を確かめてみることだ。

こうした学習によって，「ごみは資源」であると考えるように導き，それを実行するようにするのである。

環境を見つめ，環境に学び，環境にかえすことが今求められている。実践化までを単元構成に入れることである。

今述べたことをコンパクトにまとめると，次のような図になる。

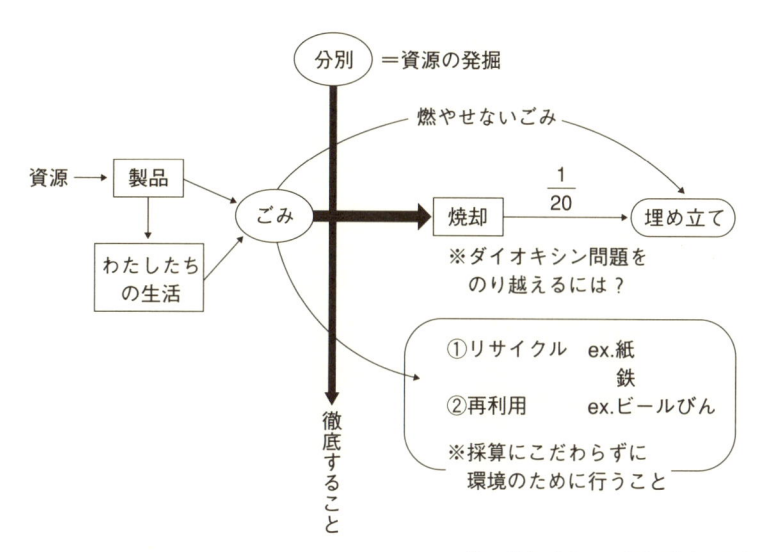

```
             分別 ＝資源の発掘
              │
              │  燃やせないごみ
資源→ 製品 ──┐ │ ╱         1/20
      │      ↓│╱    ┌──┐ ──→ ┌────┐
      ↓     ごみ ───→│焼却│    │埋め立て│
  わたしたち  │╲    └──┘      └────┘
  の生活   ──┘ │╲  ※ダイオキシン問題を
              │ ╲  のり越えるには？
              │
              │   ┌──────────────┐
              ↓   │①リサイクル ex.紙 │
             徹    │              鉄 │
             底    │②再利用   ex.ビールびん│
             す    │                  │
             る    │※採算にこだわらずに│
             こ    │ 環境のために行うこと│
             と    └──────────────┘
```

(『21世紀が求める「学力像」』明治図書)

(2) 子どもの追究心に火をつけよう

　教材開発をするには，常に子どもの目線で「おもしろいものはないか？」とアンテナを張りめぐらしておくことだ。別のいい方をすれば，好奇心を燃やし続けておくことである。

　おもしろいことをおもしろいと見ることの目を自分で創り出していくことである。

　「すいか」や「粟国の塩」のようなおもしろい教材を開発したら，子どもが「はてな？」を発見でき，なんとしても「調べてみたい」と思うような出会い方をさせるのである。

　それは，一番おもしろいところを第１時に提示することである。そうすれば，子どもたちは「はてな？」を発見し，「もっと調べたい」というようになる。

　つまり，「新しいはてな？」を次々と発見し，それを追究するとまた新しい「はてな？」を発見する，というように追究が連続していく。

　追究が連続するかどうかのポイントは，「新しいはてな？」を次々に発見できるかどうかである。

発見できるように新しい抵抗を与えたり，示唆をしたり，ゆさぶりを入れたりするのが教師の仕事である。

子どもは，追究したがっている。火をつけるのが教師の役目である。さっそく，材料を見つけ出して，火をつけてみよう。そうすれば驚くほど追究するはずである。

7 学習技能の定着をはかる授業

(1) 学習技能とは何か

「学習技能」というのは，わかりやすくいえば，「学習を進めるうえでの方法」である。子どもたちが学習を進めるには，国語辞典が使えなければならない。それもなるべく速く，的確に使えるようになった方がよい。国語辞典で調べるということは，調べる内容，問題があるということである。この「問題」や「はてな？」を見つけるのも学習技能である。同じ資料を見ても，ある子どもはいくつもの「はてな？」を見つけるのに，別の子どもは1個の「はてな？」も見つけられないということがよくある。明らかに，「見る力」が違うのである。それは「はてな？　発見技能」のあるなしによって大きく違ってくる。

とにかく，学習を進めていくうえになくてはならない技能，例えば，「聞く技能」「話す技能」「書く技能」といったものが，その学年相応に育っていなければ，スムーズに学習を進めることは困難である。

わたしは，よく飛び込み授業を行うが，びっくりするほど学習技能が身についていないクラスが多い。小学6年生になっても，地図帳が全く使えない子どもも多い。地図は覚える必要はない。地図帳の使い方がわかり，調べることができれば学習は深化する。この「使える」ということが大切なのである。学習技能というのは，学習を進めるうえでの道具である。体についた道具であるといえよう。

(2) どのような学習技能が必要か

学習技能はあげればきりがないくらいある。しかし，育てる場合を考えると

少ないほうがよいにきまっている。わたしは，最小限次の表にあげたように，18の技能を想定している。この18の技能を常に頭において，「今はこの技能を中心に鍛えているのだ」ということを意識しながら指導してきた。その結果，「21世紀の学力は18の学習技能だ」といいきっている。子どもを育ててきた結果であって，予想ではない。わたしが育ててきた子どもたちは，少なくともこの18の技能を身につけてきたといってよい。程度の差はあるけれども。

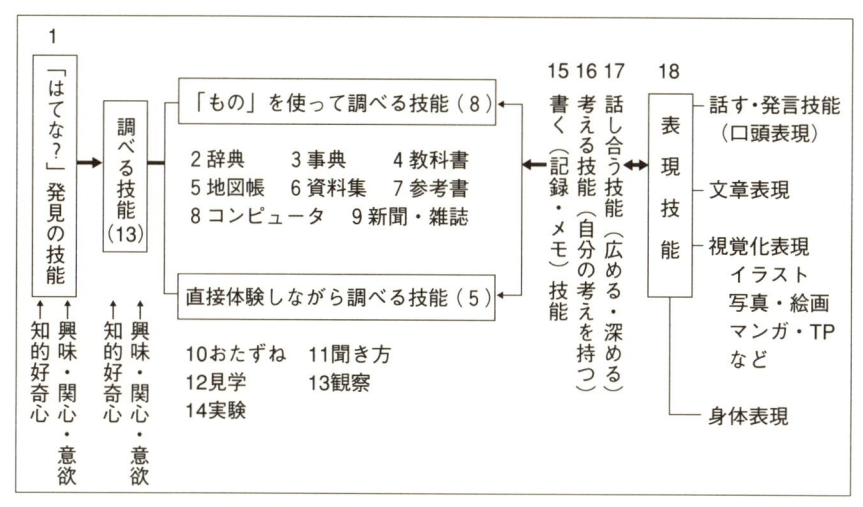

```
1                                              15 16 17    18
「はてな？」         「もの」を使って調べる技能（8）    書　話　考      表   ─ 話す・発言技能
発見の技能  調                                   く　し　え      現         （口頭表現）
         べ     2 辞典    3 事典    4 教科書   （　合　る
         る     5 地図帳   6 資料集   7 参考書    記　う　技      技   ─ 文章表現
         技     8 コンピュータ  9 新聞・雑誌   録　技　能
         能                                   ・　能　（                視覚化表現
         （                                   メ　（　自            ─ イラスト
         13                                   モ　広　分              写真・絵画
         ）     直接体験しながら調べる技能（5）       ）　め　の              マンガ・TP
                                               技　る　考              など
          知     10 おたずね   11 聞き方          能　・　え
          的興    12 見学      13 観察              深　を
          好味                                      め　持      ─ 身体表現
          奇・    14 実験                            る　つ
          心関                                      ）
          ・意
          欲
          知興
          的味
          好関
          奇心
          心・
          ・意
           欲
```

（3）どのように学習技能を鍛えるか

① 「はてな？」発見の技能

　一番大切なのは，「はてな？」発見の技能である。「はてな？」の発見があってはじめて主体的な学習が始まるのである。今の授業は，この「はてな？」の発見なしに，教師が必要だと思うことを教え込んでいる。これでは子どもは学習を楽しむことはできない。

　「はてな？」を発見させるには，子どもたちが知的好奇心をもつ教材をもち込むことである。教材をもち込んでも，子どもに追究の火がつかないことがある。おもしろさがわからないからである。

　そこで，教師が問いかけることが必要になる。例えば，「郵便ポストには，〒マークはいくつありますか？」と問えば，7歳の子どもでもポストを見て数

える。そして、「どうして三つも〒マークがあるのか」という「はてな？」をもつ。「はてな？」をもてば、郵便屋さんをつかまえて問いただしたり、郵便局へ尋ねに行ったりする。

　おもしろい「はてな？」を発見させることができれば、学習の半分以上進んだと考えてよい。3年生に、「みかんはどこからきているか？」と問いかけたところ、みかん箱を集め、その県を日本地図におとした。そして、「みかんは、日本の南の方から東京へ来ているがそれはどうしてか？」という「はてな？」を発見し、それこそ執拗に調べた。3か月も追究が続いたのは、わたしの方が驚いた。「おもしろい『はてな？』をもたせることがいかに大切か」ということを、わたしは子どもから学んだ。表に示したように、「はてな？」をもてば、必ず調べる。その場合、大きく二つに分かれる。

　② 「もの」を使って調べる技能八つ
　子どもは、調べる場合、「国語辞典」を使うことが多い。なぜなら、たいていのことは国語辞典に出ているからである。事実、みかんを辞典で引くと、「あたたかい地方に多い。秋の終わり頃からまるいだいだい色の実がなる」という説明が書いてある。

　これだけではもの足りない子どもは、社会科などの「事典」を使って調べてみる。さらに地図帳で調べてみる。みかん箱を集めて実証的に調べたことと、地図帳の中に記号で書かれていることが一致し、歓声をあげる。さらに、インターネットで調べる子どもも出てくるし、百科事典にあたってみる子も出てくる。「みかん」に関する参考書を集めて調べる子どもも出てくる。わたしが一番驚いたのは、農林水産省まで尋ねに行った子どもがいたことである。みかんのとれる県をしっかり調べてきた。

　要するに、「もの」を使って調べるには、国語辞典、事典、教科書、地図帳、資料集、参考書、コンピュータ、新聞・雑誌といった八つくらいの「もの」を自由自在に使いこなせるように鍛えることである。口で使い方を説明したのではダメである。実際に調べることによってしか力はつかない。

8 魅力ある教師が魅力ある子どもを育てる

(1)「はてな？」発見力を育てる

筑波大学附属小学校で最後に担任した子ども（1年生）の文である。

> いま，こくごのじかんに『花いっぱいに　なあれ』の音読をやっているのでR。バックグランドミュージックをかけてよんだら，きっといいきぶんでよめるだろうなあ。
> じゃあ，いろんな音楽をかけてやってみよう。どんな音楽が一ばんきぶんがいいかなあ。
> 1. ジングルベル　これは，まあまあだった。ゆきがふわふわふるところと，ふうせんがふわふわおりてくるところが，とくにぴったりだった。
> 2. ベートーベンのメヌエット　しずかすぎて　さみしいかんじがする。
> 3. ベートーベンのトルコこうしんきょく　うるさすぎて，ぜんぜんあわない。ぼくの声がよくきこえない。音楽と話が，ぜんぜんべつべつだ。
> 4. かっこうワルツ　かなりたのしいきょくなので，おどりたくなってくる。くきがぐんぐんのびるところがよくあっていた。
> 5. 赤とんぼ　ちがうことばがぶつかって，じゃまだった。
> 6. モーツァルトのきょうそうきょく　りっぱすぎて，テンポがはやすぎる。
> 7. バッハのポロネーズ　すごくあっていて，いいきぶんでよめた。
> 8. みやぎみちお　ふえの音がとてもおばけやしきのようで，うまくいかない。
> 9. サン・サーンスのはくちょう　かなしすぎてうまくいかない。
> 10. イエッセルのおもちゃのへいたい　なかなかグッド。でも，たのしすぎておどりたくなっちゃうよ。
> 11. ねこのワルツ　あかるくて，なかなかうまくあった。ねこの声が，きつねの声のほうがいい。
> 12. シューベルトのマス　ふしぎなことがおきました，というところがはずんでいたので，ランドセルにしりもちをついてしまった。
>
> 一ばんいいきぶんでよめたのは，バッハのポロネーズだった。（マヨネーズじゃないよ）。きょくのかんじと，おはなしのかんじがあっていたからだね。12回もよんだのでのどがからからだ。ミルクをのんでねよう。
> では，おやすみでござる。
> 　　　　　　　　　　　　　　　　　　　　　　　　　1年　Y男

1年生の12月に書いた文である。4月から音読の練習をし，12月に「音読のプロ」を創る約束をしていた。このテストをしたところ，Y男君はプロになれなかった。それで，家に帰ってBGMをかけて練習したのである。
　こんなおもしろいことをやってみる子どもって「魅力満点」である。プロにしなくてよかったと思った。Y男君は，神無月（10月）になると「神有月というのはあるのか？」，ひまわりを見ると「本当に太陽の方へ向かって回るのか？」，朝顔が咲くと「何時間くらいかけて開くのか？」，虹を見ると「なぜ虫へんか」，「地球は飛行機から見ると丸く見えるというが本当か？」などなど，次々と「はてな？」をつきつけられ，わたしは調べるのにふり回されるくらい楽しかった。
　「はてな？」を見つける子どもに育てたのはわたしなのだが，育てた子どもに苦しめられることもあった。うれしい苦しみだった。
　こんな子どもこそ「魅力ある子ども」といってよいだろう。
　ここまででおわかりのように，「魅力ある子」に育てる第一歩は「はてな？発見力」と「工夫力」を育てることである。身の回りの何でもないことに「はてな？」を発見できるように鍛えることだ。
　「はてな？」が見え，工夫するには，「知識」が必要である。知識をつけることをめざして，読書を徹底的にさせた。
　6年生で歴史の学習をやっているとき，「大和朝廷はわかった。では，大和昼廷，大和夕廷，大和晩廷というのもあったのか？」と質問された。
　わたしはびっくりして，「わかりません。調べてきます」といった。そして，必死で調べた。子どもを鍛えているつもりが，いつの間にか，子どもから鍛えられていた。
　「関西は，どこからどこまでをいうのか？」という「はてな？」も，時代によって違うので答えがむずかしい。
　こんな「はてな？」をぶつけてくる子どもに，限りない魅力を感じる。今，こんな子どもになかなか出会えない。教師が，「はてな？」を引き出すことより，「教える」ことに熱心すぎるのではないだろうか。

(2) 将来魅力ある人物になることを信じて

　4～6年と3年間持ち上がりで担任して，思うようにいかず苦労した一人の子どもがいた。いたずらのケタが違っていた。だから，その子どもを随分叱った。しかし，とてもかわいらしいところもあり，叱りながらかわいがった。

　6年になっても1時間じっと座っておれないのだから，ほとほと手をやいた。魅力どころではなく，悩みのタネであった。

　ところが，この子どもがなんと医者になったのである。はじめ歯学部にいき，学位までとり，歯医者を開業した。「開業するので，一番の客にきてくれ」と，地図まで入れた手紙がきた。

　わたしは，驚くと共に，自分の子どもを見る目のなさを悲しく思った。

　家内を連れて，第一号と二号の患者になった。うれしくて涙が出た。「先生には本当に迷惑をかけました。ようやくここまできました」と彼はいった。

　彼は，歯科医院を夜開き，昼間はなんと大学へ通い，今度は形成外科の免許を取った。その努力たるや並ではなかった。大学が忙しいときは，代わりの医師をおき，ついに乗り切り，二つの専門をもった医院を開業した。

　このときも，わたしと家内は，第一号と第二号の患者になった。

　腕がよいのと専門が二つもあることで，患者がものすごく多く，時間の約束しても今はなかなか診てもらえない。わたしはいつも，「時間外」に特別に診てもらっている。

　小学校の時，本当によく叱った。にもかかわらず，彼は「先生がボクをまともにしてくれ，『努力と挑戦』することを教えてくれた」というのである。ありがたいことである。

　小学生のとき，魅力ある子どもとはお世辞にもいえなかったのに，成人すると全く変わって，「魅力あふれる医者」になっているのである。しかも，今，一番お世話になっている。

　ここで考えてみる。

　小学生のとき，魅力ある子どもとはいえなくても，いや，逆に手を焼く子どもでも，心からかわいがり，なんとか力をつけてやろうと考えて指導にあたる

ことが大切だということである。

　わたしが，小学生の彼を「もうダメだ！」と投げ出していたら，今どうなっているだろうかと恐ろしくなる。彼を叱りながらもしっかり鍛えてよかったと思っている。

　今，魅力はなくても，十年後，二十年後，「魅力あふれる人物」になる可能性は十分にある。将来性を信じて，「将来，魅力ある人物」になるように，今，手をぬいてはいけない。

　小手先の技術だけで子どもに対応してはならない。常に子どもと心から正対すべきである。わたしのささやかな体験からいえることである。

　もう一度いう。すべての子どもに「魅力」がある。それは，今見えるか，将来見えるかの違いである。

(3) 応用力とユーモアのある子どもに

　2月初めの大寒のころ，「春さがし」という生活科の学習を行った。子どもたちは，「先生は，この寒さで頭がおかしくなったのではないか。今ごろ春があるわけないでしょう」といって笑った。

　「そうだよね。でも，占春園にいってみようじゃないか。ちょうど雪も降ってるし，美しいよ」といって，無理に連れ出した。

　占春園で遊んでいるうちに，向こうから，「先生，早くきて！　春を見つけたから！」という声がする。この声を聞いて，みんなそちらへ走った。

　ねこやなぎの芽が大きくふくらんでいた。

　子どもたちは，驚いた。「この寒いのに，春の準備をしているんだ！」と。梅の芽もふくらんでいた。「もうすぐ春だね！」と，子どもたちもしみじみといった。

　いろいろなお店の，春を調べて回ったのでございます。

　1．スーパーの春

　あずきやおでんは，しいれをへらして，「なの花，つくし，ふきのとう，たらの芽，うど」などのやさいが出てくるそうです。つくしを食べるのには，びっくり。なの花のたねから，サラダ油がとれるのも，おどろ木，うめの木，さくらの

木でござんす。
　2．くすりやさんの春
　春になると、花ふんしょうの人のために、「マスク、目ぐすり、花ふんしょうのくすり」が、たなにならべられるそうです。
　また、春には、のどがよくかわくので、えいようドリンクの大きなビンがよくうれるそうです。ついでにぼくも、スーパードリンク「リポビタン小児用」をのんで、さあ、つぎの店へ。
　3．パンやさんの春
　一年中かわらないそうです。
　春はこない、きゃくもこない、かわいそうなパンやでございました。
　4．しせいどうの春
　春の光は、心まで美人にするので、うすげしょうがよろしいそうです。「口べには、明るい色をおすすめします」と、おねえさんは言いました。
　さっそく一本かって、ぬってよろこんでいる母でござった。
　母の春は、口からはじまりである。

　おわりに、いろいろこたえてくださったみなさんにかんしゃいたします。ありがとうございました。
　　　　　　　　　　　　　　　　　　　　　　　　　　　1年　T男

　わたしは、この文を「はてな？帳」で見て、「うーん」とうなった。学校で「植物の春さがし」を行った。家に帰ったT男君は、なんと「店の春さがし」を行ったのである。学校での学習の応用である。
　学校でやったことと同じことをしない。これをヒントに発展させて調べ、ユーモアあふれる文を書いている。
　わたしは、「ユーモアのある文」を書かせるべく、4月からユーモアのセンスを鍛えてきた。ユーモア小話を毎日話して笑わせた。一日に数回、大笑いさせてきた。
　ユーモアのない文はおもしろくないといってきた。
　子ども自体がおもしろくなり、子どもの見る目がおもしろくならないと、おもしろい文はあらわれない。「何を見てもおもしろく見る」という子どもを育

てる。こんな子どもはわたしにとって魅力満点である。

> 　きょう　ねりまで　かが　でんしゃにはいってきました。かはまどをぐるぐるまわっていました。
> 　そのつぎのえきで　かはおりました。
> 　かも，でんしゃで　おでかけするのかな，とわたしはおもいました。
> 　　　　　　　　　　　　　　　　　　　　　　　　　　　　1年　A子

わたしは「ユーモアは知性のあらわれ」ととらえている。

知性あふれる子どもは，魅力がある。だから，ユーモアのセンスを育てるには，「知性」も育てなくてはならない。

多くの学級と子どもを毎年見ているが，ユーモアが足りない気がするし，知性も不足しているように思う。

魅力ある子どもを育てるには，魅力ある教師にならなければ無理ではないだろうか。自分には魅力があるか，自問自答してほしい。

(4) 魅力ある教師

I章にあげた「すぐれた授業」を展開している教師は，間違いなく魅力ある教師である。私は実際に会って，その感を強くした。

「すぐれた授業」というのは，子どもの側から見れば，「楽しい授業」であり，「受けがいのある授業」である。

このことに気づいた先生から，次のような手紙をいただき，感動した。

こういう感性豊かな先生は，自ら「はてな？」に気づき，それを解決すべく努力と挑戦をする。だから，間違いなく成長する。だからこそ，「魅力ある教師」なのである。常に自ら何かを求めて努力し，それを楽しんでいる。

> 　突然のお手紙，申し訳ありません。
> 　先日，福島大学附属小学校の公開授業研究会に参加させていただきました。参加を決めた理由は，ひとつは1日に社会科の授業が3つ見ることができるということ。そして，一番の理由は，講師が有田先生であることでした。
> 　先生のお名前を知ったのは，初任校で先輩の先生からでした。教師が説明を繰

り返す授業を行っている毎日，そんな中，「この本，参考になるかも」と紹介されたのが，先生が編集されていた『ネタ開発　教材開発』でした。自分が大学で社会科を専攻していたこともあり，先生の示される追究の方向に大きく惹かれました。2校目で，先生の出された全集を購入し，なにか自分でもできないかと取り組みを始めました。それが，14年前のことになります。

　以来，先生の育ててこられた「追究の鬼」を目標に，授業に臨んできました。しかし，正直，一部の子は社会科が大好きになるけれども，なかには「えぇ…社会科かぁ」そんなつぶやきが聞こえてくる社会科を積み重ねてきました。なぜ，「楽しい社会科」にならないのか？　先日の授業，そして，先生のお話をお聞きして，自分自身の問題，課題を改めて見つめることができた思いがします。先生のお話にあった「教えたいこと・伝えたいことを資料の形に詰められるか？」という言葉をしっかりと，重く受け止めました。そして，「授業はスイカ」というお話。日々の自分の授業を振り返ると，皮の部分から「さぁ，どうぞ」と，子どもたちに出している気がします。それでは，楽しさは，生まれませんよね…。

　現在，信州大学教育学部附属松本小学校に勤務しております。2年後に，社会科を重点教科として公開する予定です。「何を課題として取り組んでいったらいいのか？」その方向に悩んできましたが，先日の研究会に参加して，一番大切なことは，子どもたちにとって「楽しい社会科」を伝えて行くことだということを改めて感じました。そのために…，福島大附属小学校の先生方が「感動」をキーワードに取り組まれている姿勢に学んでいきたいと思います。

　研究会に参加して，先生の模擬授業を受けているときに私自身があの場で感じた楽しさを，少しでも伝えていけるように，「伝えたい思い」と「伝えることのできる資料」を，そしてその「資料を見ることのできる目」を鍛えていきたいと思います。

　まとまりませんが，今回，先生にお会いすることの出来た嬉しさをお伝えしたく，手紙を書かせていただきました。また，機会をつくって，先生から学ぶ場に参加していきたいと思っております。

　冬を迎え，寒さも厳しくなってきました。松本から仰ぐアルプスの山々もその先を白い姿へとかえています。お体にお気をつけられますように，信州の地から先生の益々のご活躍をお祈りしております。

　　平成18年11月27日

　　　　　　　　　　　　信州大学教育学部附属松本小学校　滝澤　勇一

こういう学びのできる教師は,「魅力あふれる教師」である。今どういう状況なのかわからないが,「修行の時計を止めない」限り,大きく成長することは間違いない。手紙でもこのことを感じる。

9 「子どもの心」という「天の岩戸」をユーモアで開けるか

(1) 天の岩戸はどうして開いたか?

　スサノオ(須佐之男命)の乱暴に怒ったアマテラス(天照大御神)が「天の岩戸」の中におかくれになった。このため,世の中はまっ暗になってしまった。神々は,「何とかして『天の岩戸』を開かねば」と相談を重ねた。

　その結果,アメノウズメ(天宇受売命)を中心にして,歌や踊りで大にぎわいすることにした。つまり,「楽しく明るい宴と踊り」をすることにしたのである。

　アマテラスは,あまりの楽しさ・にぎやかさに,「ちょっと外を見てみたい」と,少し「天の岩戸」を開けた。そこをアメノタジカラオ(天手力男命)が,怪力で「天の岩戸」を引っ張り開けた,というのが「天の岩戸開き」の神話のあらすじである。

　アマテラスが,なぜ外を見てみたいと思ったのか。

　それは,外の様子があまりにも楽しそうだったからである。

　外の神々は,「力」ではなく「楽しさ・ユーモア」で,「天の岩戸」を開けようとして,成功したのである。アマテラスが,自ら「外を見てみたい」と思ったからこそ,重い岩戸は開かれたのである。

　ことほどさように,「心を開かない子ども」「勉強が嫌いな子ども」の心を開けて,勉強好きにするには,「説教」や「強迫」では,絶対に功を奏さない。

　どうするか? 子どもの心という「天の岩戸」を開けるには,「楽しいこと,おもしろいこと,ユーモアのあること」などでゆさぶるべきであることを,神話は教えてくれている。

　一言のユーモアで,状況は全く変わるということは,よくあることである。

このユーモアが，今学校になくなってきている。それで，

> 　一時間に，一度も笑いのない授業をした教師は，授業終了後ただちに逮捕する。

という条文を「学習指導要領」総則の1に入れよう，という運動を20年もしているのだが，いまだに入りそうもない。もちろん冗談でいっているのだが……。

　堅く閉じられた「子どもの心」という「天の岩戸」を開くには，ユーモア以上のよい方法はない。

(2) ユーモアとはいったい何か？

　ユーモアとは何か。

　「正しい英語読みではヒューマーであり，語源はラテン語。"ヒューマア"は，ヒューマン（人間），ヒューマニティ（人間性），ヒューマニズム，ヒューミリティ（自分こそ至上，人間こそ至上としない，人間の限界と自分の限界を知っている根本的に人間らしい心の態度。邦訳では謙遜だが，言語の意は汲まれていない）と，語源を全く同じにし，いまあげた四つの言葉（の真意）に深くかかわりあっている」（『婦人公論』1990年10月号，犬養道子論文）

　犬養道子氏は，「ユーモアとは，隣人愛に次ぐ道徳である」と英国のある著明な文明批評家がいったと書いている。

　また，「ユーモアとは，だじゃれでもお笑いでもない。冗談ともちがう。が，非常に高尚な，言葉の遊びを含みこんだ品のよい（これがキメテである）冗談は時に，ユーモアになり得る」とも書いている。

　新崎盛紀氏は「ジョークはおおむね言い廻しによって笑いを誘う行為だが，通常，洗練されたジョークはユーモア（諧謔や機知も含まれる）といわれ，荒削りのジョークはだじゃれ（ほとんど語呂あわせ）といわれるようだ」（『直観力』講談社現代新書）と書いている。

　ユーモアとは「洗練された冗談」であり，その人間性からにじみ出るものであると考えられる。

(3)「ユーモアとは何か」の授業

　わたしは，教師になったころからユーモアには関心をもっていた。子どもから，「先生はネクラだから，明るくなってほしい」といわれた。これがショックで，これをバネにしてネアカ修業をした。

　わたしが明るくなると，子どもたちも，いつの間にか明るくなり，おもしろくなった。しかし，ときにはネクラの子どもが入ってきた。この子をどのようにしてネアカにするか，本当に楽しみであった。

　「ユーモアとは何か」という「道徳」の授業をしたこともある。

　この授業をしたとき，子どもたちは，前節で述べた通りのことを考えたのにはびっくりした。

　例えば，「ユーモアの本質とは，それを聞く人への思いやりである」「冗談の品のよいのがユーモアである」「ユーモアに欠ける人は，本当の人間ではないのではないか」「落語は，どちらかといえば冗談に近い」「ユーモアのある人は，それだけで人間として光っている」などなど，すばらしい考えを出してくれた。

　子どもたちの結論は，「ユーモアというのは，人間として大切な資質である」ということであった。そして，「ユーモアのないのは人間ではない，などという人もユーモアのない人だ」といったのである。すごいことをわたしは学んだ。

　その授業の後も，子どもたちは，ユーモアについて追究し続けた。それほど魅力のある，人間として大切なことだと考えたのである。

　子どもに教わり，考えさせられ，ゆさぶられっぱなしの授業であった。楽しいことこの上なしであった。

　同窓会をしたら，このユーモアの授業のことが話題になる。よく覚えているのに感動する。このとき，このネタは「子どもたちの生涯の伴侶になっているな」と，うれしく思った。

　教材を覚えさせよう，記憶させようと考えたことはない。しかし，よい教材は「生涯の伴侶になる」ことは確かである。自然に，心の中に残るのである。

　『一寸法師』や『桃太郎』などを多くの子どもが，鮮明に覚えている。同窓会のたびごとにうれしくなる。

(4) ユーモアのセンスをどう鍛えるか

　わたしは、長年、作文に関心をもっていて、毎日書くことを仕事のようにしている。もちろん、子どもにも毎日書かせ、毎日点検をした。
　文の点検の観点は二つであった。
　一つは、「おもしろいかどうか」であり、もう一つは、「その子の考えがよく出ているかどうか——それがユニークな考えかどうか」であった。

> 　わたしが、「はてな？」をかくとき、「なにかないかな」といったら、おかあさまが、「そこらへんに、ころがってるでしょ」というので、うちじゅうころがってさがしました。
> 　　　　　　　　　　　　　　　　　　　　　　　　　　1年　A子

　たいしたユーモアのセンスである。母親の言葉をネタにして、こういう文を書けるということは、ユーモア力がかなりついてきているといえよう。1年生に、こんなユーモアが理解できることに、驚きを感じた。子どもって、すごいと。鍛えれば、いくらでも伸びる。

> 　きのうのよる、こうばんの　そばに、金よう日の　たいふうのときに　たおれた木がありました。その木は、こうばんの　はんたいがわにたおれていました。
> 　もしかしたら、こうばんのほうに　たおれたら、たいほされるとおもったからかな。
> 　　　　　　　　　　　　　　　　　　　　　　　　　　1年　B男

　なんともおもしろい。こんな見方は、1年生にしかできないであろう。このくらい「おもしろく見える目」をもつと、何を見てもおもしろくなる。豊かな気分になる。
　1年生から鍛えると成長が早い。大切なことは、毎日書かせることだ。
　B男の文は、ときに見かける光景である。それをこのようにおもしろく見ることができるようになるなんて、なんて幸せだろうと思う。本人も幸せだが、まわりの人々も幸せにする。
　こういう文を使って、ユーモアのセンスを鍛えるのである。
　こんなおもしろい文に価値があることを、子どもたちに理解させ、まねをさ

せるのである。
　一人育つと，そのまわりの子どもが必ず育つ。
　わたしは，おもしろく書いた文により多くの価値を認め，大いにほめた。だから，子どもたちは，ほめられた方向へ育っていった。

> 　わたしは，おかあさんのいうこと　みーんなおぼえた。
> 　はやく，おきなさい。
> 　はやく，かおをあらいなさい。
> 　はやく，はをみがきなさい。
> 　はやく，ふくをきがえなさい。
> 　はやく，ごはんをたべなさい。
> 　はやく，よういをしなさい。
> 　はやく，学校にいきなさい。
> 　まい日，よく，じゅんじょをまちがえないで，いえるなあと，おもいます。
> 　　　　　　　　　　　　　　　　　　　　　　　　　　　　1年　T子

　なんとおもしろい見方であろう。なんとおもしろい表現だろう。「みごと」というほかはない。
　これを皆に読んであげると，「ぼくのお母さんも，同じこというよ」「わたしのお母さんも，似ているよ」などといって，大笑いした。
　「T子ちゃんは，よくおぼえられたね。わたしは，順序はおぼえてないもん」などといって，T子さんをほめる。
　わたしは，保護者会でこの文を読んだ。子どもから聞いて，T子さんの文であることをみんな知っていたが，それぞれ身に覚えがあるらしく，しばらく笑いが止まらなかった。
　T子さんの母親が，「うそですよ。わたし，こんなにきちんと毎日いっていませんよ！」といったので，これでまた大笑いになった。
　「T子さんは，『まい日，よく，じゅんじょをまちがえないで，いえるなあと，おもいます』と，お母さんの記憶力のよさをほめているのだからよいじゃないですか」と，わたしがいうと，「それはそうですけど……」と。

ユーモア教育は，保護者をも引き込まないと成功しない。
　わたしは，保護者会用に「特別おもしろい作文」と，わたしが見つけたり，創作したりした「ユーモア小話」を，必ず準備して，はじめに必ず大笑いさせた。そのうち，あいさつしただけで，「笑って待っている」状態になった。
　苦言をいわなければならないときほど，おもしろい話をして大笑いさせておいて，苦言をいった。これは効きめがあった。苦言が，スーと入っていく感じであった。
　入学式の日から卒業式の日まで，ユーモア小話を必ずした。この話は，複数の出版社より本にして，出版している。
　教師に必要なことを大きく分けると，二つになる。
　一つめは，教育技術であり，二つめは，人間性である。
　この二つが重なりあってこそ「プロ教師」といわれるものになる。
　教育技術は意欲さえあれば勉強によって短時間に身につけることができるが，人間性，つまりユーモアを身につけるのはむずかしい。長年，「努力と挑戦」を続け，修行の時計を止めないことである。そうすればいつの間にか身についている。

〈初出一覧〉

　本書の一部は，既発表の文章をもとに再構成したものである。初出誌は以下の通りである。転載を快諾いただいた各編集部の皆様に感謝申し上げる。

『Educo』No.1 〜 11，教育出版，2003 〜 2006 年
『授業研究 21』2007 年 1・2 月号・2007 年 3 月号，明治図書
『まなびと』2006 年春号，教育出版
『個を生かす学習指導』学校教育研究所，2003 年
『教職研修』2005 年 1 月号増刊・2004 年 6 月号増刊，教育開発研究所
『教育研究』2005 年 1 月号・2006 年 6 月号，（社）初等教育研究会

有田和正主要著書一覧 （共著・編著は省略）

〔1973年〕
『市や町の仕事＝ごみの学習』国土社
〔1976年〕
『みみずく学級』国土社
〔1979年〕
『学校の門を開いて』国土社
〔1982年〕
『子どもの生きる社会科授業の創造』明治図書
〔1983年〕
『社会が好きになる教え方』明治図書
〔1984年〕
『学習意欲の高め方』明治図書
〔1985年〕
『学級づくりと社会科授業の改造』（低学年）明治図書
『学級づくりと社会科授業の改造』（中学年）明治図書
『学級づくりと社会科授業の改造』（高学年）明治図書
『社会科の活性化——教室に熱気を！』明治図書
〔1986年〕
『子どもの「見る」目を育てる』国土社
〔1987年〕
社会科『わたしが生まれてから』『ポストづくり』明治図書
社会科『一寸法師』『台風とさとうきび』明治図書
『授業のネタ・社会3』日本書籍
『社会科授業常識への挑戦』明治図書
『実践・社会科授業常識への挑戦』明治図書
『教材発掘の基礎技術』明治図書
〔1988年〕
『社会科発問の定石化』明治図書
『楽しい教室づくり入門』明治図書
『「ネタ」開発ノウハウ』明治図書
『「ネタ」を生かす授業づくり』明治図書
社会科『バスの運転手』明治図書
『授業のネタ・社会1』日本書籍
『授業のネタ・社会2』日本書籍
〔1989年〕
『追究の鬼を育てる』明治図書
『名人への道　社会科教師』日本書籍
『「はてな？」で育つ子どもたち』図書文化

『社会科授業に使える面白クイズ①』明治図書
『有田和正著作集　追究の鬼を育てる』（全20巻・別冊3巻）明治図書
〔1990年〕
『第三次産業・宅配便の授業』明治図書
『有田式・調べる力を鍛えるワーク』明治図書
『社会科授業に使える面白クイズ②』明治図書
『「はてな？」で追究力を育てる』明治図書
〔1991年〕
『戦争の授業——子どもの心に変化が起こるネタ開発』明治図書
『有田式・生活ワーク』明治図書
『有田学級で育つ学習技能』明治図書
『6年生に育てたい学習技能』明治図書
『ノート指導の技術』明治図書
〔1992年〕
『5年生に育てたい学習技能』明治図書
『4年生に育てたい学習技能』明治図書
『有田式指導案と授業のネタ』（全8巻・別冊3巻）明治図書
〔1993年〕
『社会科授業に使える面白クイズ③』明治図書
『3年生に育てたい学習技能』明治図書
『2年生に育てたい学習技能』明治図書
『1年生に育てたい学習技能』明治図書
『「ユーモア教育」で子どもを変えよう』明治図書
『「環境問題」の教材開発』明治図書
『有田学級の「道徳」の授業』明治図書
『「追究の鬼」を育てる指導技術』明治図書
『授業に使える面白小話集第1集』明治図書
〔1994年〕
『写真で見る生活科授業づくりのテキスト』明治図書
『「考える子ども」を育てる社会科の学習技能』明治図書
『教師のどこを見られているか』明治図書
〔1995年〕
『「追究の鬼」を育てる学級づくり』明治図書
『新教育課程に挑む社会科授業』明治図書
『子どもを伸ばす教師の知恵QAヒント集』明治図書
『授業のどこを見られているか』明治図書
〔1996年〕
『生活科で育てる「新しい学力」』明治図書

『教師の実力とは何か』明治図書
『新・ノート指導の技術』明治図書
『学習技能を鍛える授業』明治図書
『環境教育としてのごみの学習』明治図書
『子どもとつくる総合学習』明治図書
『一年生の成長記録』明治図書
〔1997年〕
『一年担任の実力と責任』明治図書
『教育技術は人柄なりや？』明治図書
『授業は布石の連続』明治図書
『社会科教材研究の技術』明治図書
『生活科・教材開発のアイデア』明治図書
『生活科授業づくりの基礎』明治図書
『社会科授業づくりの基礎』明治図書
『子どもが生きる授業づくりの技術』教育出版
『社会科授業づくりの技術』教育出版
『生活科授業づくりの技術』教育出版
〔1998年〕
『「頭のカルテ」で子どもをとらえる技術』明治図書
〔1999年〕
『社会科授業の転換を図る』明治図書
『「生きる力」を育む社会科授業』明治図書
『21世紀の学力・学習技能』明治図書
『生活科から総合学習へ』明治図書
『新しい学級づくりの技術』明治図書
『教師の生きがいと学び方』明治図書
『21授業のネタ　有田生活科』日本書籍
『21授業のネタ　有田社会・中学年』日本書籍
『21授業のネタ　有田社会・高学年』日本書籍
『このユーモアが「明るい子」を育てる　ユーモア家庭教育のすすめ』企画室
『有田式総合学習のネタQAヒント集』明治図書
〔2000年〕
『総合的学習に必須の学習技能』明治図書
『「はてな？」で総合的学習を創る先生』図書文化
『総合的学習のための子どもウォッチング術』明治図書
〔2001年〕
『総合的学習の布石の打ち方』明治図書
『総合的学習で求められる教材開発力』明治図書
〔2002年〕
『社会科到達目標と授業改革　3～4年編』明治図書
『社会科到達目標と授業改革　5～6年編』明治図書
『子どもを歴史好きにする面白小話集　上巻』明治図書
『子どもを歴史好きにする面白小話集　下巻』明治図書
『学習技能の基礎・基本教え方大事典　小学1～2年編』明治図書
『学習技能の基礎・基本教え方大事典　小学3～4年編』明治図書
『学習技能の基礎・基本教え方大事典　小学5～6年編』明治図書
『調べる力・考える力を鍛えるワーク』明治図書
〔2003年〕
『基礎基本を鍛える　社会科クイズ面白事典　上巻"地域のくらし"物識りクイズ編』明治図書
『基礎基本を鍛える　社会科クイズ面白事典　下巻"歴史とくらし"物識りクイズ編』明治図書
『新教科書を補う社会科の発展学習とは何か』明治図書
『指導力アップ術①　プロ教師は授業改革に挑戦する』明治図書
『指導力アップ術②　教師はその実力を常に見られている』明治図書
『指導力アップ術③　授業は「はてな？」を発見させることから』明治図書
『指導力アップ術④　学習技能を鍛えて「追究の鬼」を育てる』明治図書
『指導力アップ術⑤　内容のない技術は無力である』明治図書
『指導力アップ術⑥　ネタ開発のノウハウを身につけよ』明治図書
『指導力アップ術⑦　教材開発に必要な基礎技術』明治図書
『指導力アップ術⑧　教材開発と調べる力の鍛え方』明治図書
『指導力アップ術⑨　いま，必要なユーモア教育の技術』明治図書
〔2004年〕
『指導力アップ術⑩　学級づくりと教師のパフォーマンス術』明治図書
『指導力アップ術⑪　教師と子どもの「見る目」を鍛える』明治図書
『指導力アップ術⑫　楽しい教室づくりの技術』明治図書

『指導力アップ術⑬　授業がちょっとうまくなるレシピ』明治図書
『指導力アップ術⑭　社会科授業を活性化する技術』明治図書
『指導力アップ術⑮　総合的学習を成功させる対策』明治図書
『指導力アップ術⑯　教師と母親のユーモアを鍛える』明治図書
『指導力アップ術⑰　授業の腕を磨く〔講演集〕』明治図書
『指導力アップ術⑱　総合的学習開拓の名人への道〔講演集〕』明治図書
『指導力アップ術⑲　社会科教師　新名人への道』明治図書
『ユーモアのある子はぐんぐん伸びる』PHP研究所
『社会科　考えるテスト問題集』明治図書
『授業を楽しくするユーモア事典』明治図書
〔2005年〕
『教科書の使い方を変えて子どもに力をつける』明治図書
『有田和正の授業力アップ入門──授業がうまくなる十二章』明治図書
『有田式歴史教科書　6年社会科・授業カンペキ版』明治図書
〔2006年〕
『子どもを見る目の鍛え方入門──子どもの見方がうまくなる十二章』明治図書
『教材開発で授業はどう変わるか』明治図書
『授業力の開発──知って得するプロの指導技術』明治図書
『授業を楽しくするユーモア事典　第二集』明治図書
『教師修行双書1　子どもの学力差は教師の指導力の差だ』明治図書
『教師修行双書2　「修行の時計」を止めない教師に』明治図書
〔2007年〕
『教師修行双書3　学びを教える教材づくりへの挑戦』明治図書
『有田式地理教科書　授業が10倍楽しくなるヒント集』明治図書

【著者紹介】

有田　和正（ありた　かずまさ）

1935年　福岡県生まれ。
玉川大学文学部教育学科卒業。
福岡県の公立小学校，福岡教育大学附属小倉小学校，筑波大学附属小学校を経て愛知教育大学教授。
1999年3月　愛知教育大学定年退官。
現在，教材・授業開発研究所代表。東北福祉大学子ども科学部教授。

すぐれた授業の創り方入門
―― 名人たちの授業に学ぶ ――

2007年6月5日　初版第1刷発行
2007年10月13日　初版第2刷発行

著　者　　有田和正
発行者　　小林一光
発行所　　教育出版株式会社

〒101-0051　東京都千代田区神田神保町2-10
TEL 03(3238)6965　振替00190-1-107340

ⒸK. Arita 2007　　　　　　　　印刷　モリモト印刷
Printed in Japan　　　　　　　製本　上島製本
落丁・乱丁はお取替えいたします。

ISBN978-4-316-80225-1　C3037